Susan Vaughan

Halb leer? Halb voll!

Die Wurzeln des Optimismus

Aus dem Englischen von
Claudia Brusdeylins

W0180386

Deutscher Taschenbuch Verlag

Deutsche Erstausgabe
August 2001
© Deutscher Taschenbuch Verlag GmbH & Co. KG,
München
www.dtv.de

Umschlagkonzept: Balk & Brumshagen
Umschlagfoto: © photonica/Jun Kishimoto
Satz: KCS GmbH, Buchholz/Hamburg
Gesetzt aus der Bembo 11/13´
Druck und Bindung: Kösel, Kempten
Gedruckt auf säurefreiem, chlorfrei gebleichtem Papier
Printed in Germany · ISBN 3-423-24261-2

Inhalt

Für meinen Analytiker, Dr. Robert Alan Glick,
in tiefer Dankbarkeit für alles,
was er mir, meiner Familie und meinen Patienten
geschenkt hat

Vorwort

Maurice Sendaks beliebtes Kinderbuch *Wo die wilden Kerle wohnen* erzählt die Geschichte von Max, der – in sein Wolfskostüm gekleidet – eines Abends nichts als Unfug im Kopf zu haben scheint, bis seine Mutter ihn schließlich erbost einen »wilden Kerl« nennt. »Ich freß dich auf!« droht Max ihr daraufhin – und wird ohne Abendessen ins Bett geschickt. In seinen Träumen reist er »an den Ort, wo die wilden Kerle wohnen« und »ihr fürchterliches Gebrüll brüllen und ihre fürchterlichen Zähne fletschen und ihre fürchterlichen Augen rollen und ihre fürchterlichen Krallen zeigen«. Doch Max befiehlt ihnen: »Seid still!« und zähmt sie mit einem Zaubertrick: er starrt ihnen in die gelben Augen, ohne mit der Wimper zu zucken.

Dieses Buch handelt von den »wilden Kerlen« in uns – von dem inneren Aufruhr der Gefühle, die zu zähmen wir erst lernen müssen. Die Erfahrung des kleinen Max zeigt, daß unsere Gefühle uns beim Umgang mit anderen Menschen Ärger einbringen können. Doch wir sind auch auf sie angewiesen, wenn wir uns die Geschöpfe herbeizaubern wollen, die unser Leben erst lebendig machen. Erst die Fähigkeit, unsere Emotionen im Zaum zu halten, ohne sie zu unterdrücken, gibt uns letztlich die Kraft für eine optimistische Lebenseinstellung.

Zu Optimisten werden wir erst, wenn wir uns zum König über die »wilden Kerle«, die Gefühlsmonster in uns, aufschwingen können. Wie wir sehen werden, benötigen wir dazu Mütter oder andere Menschen, die uns zwar ohne Abendessen ins Bett schicken, uns das Essen aber warm halten, bis wir aus der Welt zurückkehren, in der die wilden Kerle wohnen. Optimismus entsteht durch die inneren Kontrollmechanismen, die wir durch solche frühkindlichen Erfahrungen erlernt und dadurch in das Schaltsystem unseres Gehirns einprogrammiert haben. Doch auch wer noch als Erwachsener gegen seine inneren Gefühlsmonster anzukämpfen hat, muß die Hoffnung nicht aufgeben. Optimismus entsteht aus dem inneren Prozeß der Stimmungsregulation, und der läßt sich wie andere Prozesse auch durch Übung und ein paar Zaubertricks meistern. Deshalb nun: Auf in den Kampf!

ERSTES KAPITEL

Die Illusion einer Insel

Es war einmal ein Wissenschaftler, der die Ratten in seinem Labor willkürlich in zwei Gruppen aufteilte. Die Tiere der ersten Gruppe wurden nacheinander in einen großen Behälter mit Wasser gesetzt, das mit Milch getrübt worden war. Darin mußten sie eine ganze Weile schwimmen. Diese Ratten hatten Glück, denn unter der Wasseroberfläche verbarg sich eine winzige Insel, auf der sie sich gerade eben halten konnten. Sie war fest im Wasser verankert und bot den Tieren eine sichere Zuflucht.

Die Ratten der zweiten Gruppe mußten ebenso lange wie die anderen in dem milchigen Wasser bleiben. In ihrem Behälter aber gab es keine Insel – die sichere Zuflucht inmitten des milchigen Meeres fehlte.

Nach Ablauf der festgelegten Zeit wurden die erschöpften und durchnäßten Tiere aus dem Wasser geholt. Anschließend durften sich beide Gruppen ausruhen, etwas fressen und auf den Ernstfall warten – die Endausscheidung im Konkurrenzkampf des Lebens.

Als der große Tag kam, waren beide Gruppen »dran«. Die Tiere mußten wieder einzeln schwimmen – diesmal kam allerdings *jede* Ratte in einen Behälter ohne rettende Insel. So lange sie auch schwamm, es gab einfach kein Erbarmen vor der endlosen Paddelei, mit der sie sich über Wasser halten mußte. Doch kurz bevor ihr Schnurrbart ganz im Wasser zu verschwinden drohte, fischte der Forscher sie heraus. Er zeichnete sorgfältig auf, in welche Richtung und wie lange sie geschwommen war, und brachte sie dann in ihren Käfig zurück, pudelnaß und wahrscheinlich baß erstaunt, daß sie überhaupt noch lebte.

Als der Wissenschaftler dann ausrechnete, wieviel Zeit die einzelnen Ratten im Wasser gewesen waren, war *er* baß erstaunt. Die glücklichen Nager, die beim erstenmal die Insel gefunden hatten, schwammen in dem Becken ohne Insel mehr als doppelt so lange weiter als die anderen und hörten nicht auf, nach ihrem Zufluchtsort zu suchen. Diejenigen aber, die in ihrer Not nie festen Boden unter den Pfoten gefunden hatten, schwammen scheinbar ziellos und verzweifelt im Kreis herum.[1]

Man mag es für weit hergeholt halten, jene Ratten, denen bei der ersten Schwimmrunde eine Insel zur Verfügung gestanden hatte, »optimistisch« zu nennen. Doch wie sollte man sonst begreifen, daß die doch zufällig in die erste Gruppe geratenen Tiere doppelt so lange nach der Insel suchten wie ihre Konkurrenten, statt wie diese bloß verwirrt hin und her zu schwimmen? Wurzelt ihr Glaube an eine sichere Zuflucht, für die sich das Weiterschwimmen lohnt, nicht eigentlich in der Hoffnung, die durch ihre erste – reale – Erfahrung geweckt wurde? Können wir also das Durchhalten der Ratten in dem Becken ohne Insel nicht gerade der *Illusion* einer Insel zuschreiben – also ihrer Fähigkeit, sich als sichere Zuflucht eine Insel vorzustellen, die es gar nicht gab?

In diesem Buch vertrete ich den Standpunkt, daß Optimismus auf der Fähigkeit beruht, die »Illusion einer Insel« aufzubauen und zu bewahren. Ich werde erläutern, warum ich diese Fähigkeit auf innerpsychische

Abläufe zurückführe, die sich durch Übung verbessern lassen: durch bestimmte psychologische Tricks, mittels derer wir zu einer positiveren Lebenseinstellung kommen.

Wer allerdings die Begriffe »Optimismus« und »Pessimismus« im herkömmlichen Sinn versteht, glaubt meistens, es käme nur darauf an, wie man das berühmte Glas wahrnimmt: als halb leer oder halb voll. Wer dazu neigt, es als halb leer anzusehen, denkt wahrscheinlich, das sei nun mal so und er müsse sich damit abfinden. Ist nicht jeder Mensch von Natur aus entweder Optimist oder Pessimist? Ist das nicht eine Frage des Temperaments, eine angeborene Eigenschaft?

Optimismus, das wird seit langem allgemein akzeptiert, beeinflußt fast alles im Leben: unsere Gedanken und Gefühle, unsere Lebensperspektive und sogar unsere Fähigkeit, uns bei Problemen über Wasser zu halten. Trotzdem glauben die meisten Menschen, daß die Aufforderung an einen Pessimisten, optimistischer zu sein, ungefähr so sinnvoll ist wie die Aufforderung an einen Leoparden, seine Fellzeichnung zu ändern.

Wer so über Optimismus denkt, ist freilich in guter Gesellschaft. Auch der Brockhaus definiert Optimismus als die »Neigung, das Leben von der besten Seite aufzufassen und auf einen guten Ausgang der Dinge zu vertrauen«. Das Wort »Neigung« deutet an, daß Optimismus als feste Charaktereigenschaft gilt. Akzeptieren wir diese Definition, wie es bislang üblich war, dann erscheint uns die Wahrscheinlichkeit, daß der schwermütige Esel I-Ah aus *Pu der Bär* auf einen guten Ausgang der Dinge vertraut, ebenso gering wie die, daß sein übermütiger Freund Tiger in Schwermut versinkt.

Doch ich glaube, das ist eine falsche Sicht der Dinge. Wer so denkt, macht die Einstellung zu dem zur Hälfte gefüllten Glas zu einem biologischen Imperativ, betrachtet Optimismus − ebenso wie Körpergröße, Augenfarbe oder die Veranlagung zu Krebs − als eine weitere Eigenschaft, die genetisch vorgegeben ist. Da sich an einer angeborenen Eigenschaft nicht viel ändern läßt, könnte auch ein Pessimist nicht aus seiner Haut.

Das glaube ich nicht. Vielmehr denke ich, daß Optimismus das Ergebnis eines inneren Vorgangs ist, bei dem Illusionen aufgebaut werden. Im folgenden werde ich zeigen, warum der Begriff von Grund auf neu definiert werden muß: als Ergebnis einer Abfolge bestimmter mentaler Vorgänge, psychischer Purzelbäume sozusagen. Die Fähigkeit zu solcher Psychogymnastik ist dem Optimisten nicht angeboren. Optimismus ist also nicht, frei nach Emily Dickinson, »ein Ding mit Federn, das in der Brust haust«, sondern ein aktiver Prozeß, der eher dem Fliegenlernen gleicht − eine Tätigkeit, keine vorgegebene Tatsache.

Darum bedeutet Pessimismus auch nicht die bloße Abwesenheit eines geflügelten Fabelwesens aus unserem biologischen Vogelkäfig. Und das ist gut so − wenn nämlich Optimismus das Ergebnis psychischer Vorgänge ist, so wird ein wenig Übung jeden befähigen, ein besserer ›Illusionenbaumeister‹ zu werden. Aber selbst wenn Sie sich die verlockende Rettungsinsel jetzt noch nicht vorstellen können, besteht kein Grund zur Sorge − mit diesem Buch können Sie es lernen.

Doch warum sollten wir uns eine Rettungsinsel suchen, die es vielleicht gar nicht gibt? Die Illusion − laut Brockhaus eine »Vorspiegelung, bes. Selbsttäuschung;

falsche Deutung von Sinneseindrücken« – ist nicht gerade das, was eine Psychoanalytikerin wie ich normalerweise als gesunde Lebenseinstellung empfehlen würde. Man fragt sich, ob Illusionen nicht Zaubertricks sind, die uns im besten Fall unterhalten, im Grunde aber vom wirklichen Leben ablenken? Hindern sie uns nicht daran, uns der Realität zu stellen und das Notwendige zu tun, um unsere reale Situation zu verbessern? Nach einem wunderbaren Kinofilm mögen wir von Illusionen erfüllt sein, aber wenn wir danach blinzelnd ins Freie treten, sind unsere Probleme ja nicht einfach verschwunden. Würden uns Illusionen nicht ebenfalls dazu verführen, auf Kosten der Realität in eine Traumwelt zu flüchten? Sollten wir uns statt dessen nicht einfach zusammenreißen, realistisch werden? Hängt davon nicht unsere psychische Gesundheit ab?

Psychologische Studien belegen, daß das Gegenteil der Fall ist. Es sind gerade die depressiven Menschen, die ein genaueres Bild von der Realität haben als andere. In einer Untersuchung, in der Versuchspersonen die Wahrscheinlichkeit unterschiedlicher Schicksalsschläge – vom Flugzeugabsturz bis zum Überfahrenwerden – einschätzen sollten, schnitten die deprimierten Befragten sehr viel besser ab als die Nicht-Melancholiker. Sie waren sich der Gefahren des Alltags bewußt und bewerteten sie korrekt. In der Psychologie heißt dies »depressiver Realismus«. Nicht deprimierte Menschen verschätzen sich dagegen meist, wenn sie nach den Folgen riskanter Situationen befragt werden – sie reagieren mit einer optimistischen, aber unrealistischen Fehleinschätzung.[2]

Wenn wir den Blick ohne jegliche Illusion auf die

Realität richten, stoßen wir nur allzu schnell auf die fundamentale Hilflosigkeit des Menschen und auf die Unmöglichkeit, daß er durch seine Leistungen etwas an der Grundbedingung seiner Sterblichkeit ändert. Und was vielleicht schlimmer ist: Die Depression reißt uns mit ihrem schonungslosen Blick auf die Wirklichkeit aus unserer aktiven Teilnahme am Leben und beraubt uns der Fähigkeit, den Augenblick zu genießen. In einer solchen Situation geraten wir leicht in eine existentielle Krise und fühlen uns als Teil einer Welt, in der wir nichts ausrichten können, mechanisch unsere Pflichten absolvieren und praktisch nur noch auf den Tod warten.

Nachdem der Psychiater Viktor Frankl die bedrückende Realität von Auschwitz überlebt hatte, kam er zu dem Schluß, daß jeder Mensch sich die Bedeutung und den Sinn seines Lebens letztlich selbst konstruieren muß, wenn er überleben will. Ein einziger Blick auf die von jeder Illusion befreite Realität würde uns, wenn wir keine psychischen Schutzmechanismen hätten, der Gefahr der Depression oder gar des Selbstmords ausliefern.[3] Ungeachtet der Bedeutung, die Psychologen der »Realitätsprüfung« zumessen, kann es also sein, daß die Illusionen eines Optimisten aus psychologischer Sicht letztlich gesünder sind als der Realismus der Pessimisten.

Die positiven Auswirkungen des Optimismus sind jedenfalls kaum zu unterschätzen. Wie das Experiment mit den Ratten zeigt, ist es vielleicht der wichtigste Vorzug einer optimistischen Lebenshaltung, daß man in scheinbar ausweglober Lage länger durchhält und, statt zu resignieren, erst recht etwas unternimmt. Bis zu einem gewissen Grad ist Optimismus ferner eine sich selbst erfüllende Prophezeiung: Wer mehr als doppelt so lange wie die anderen nach der Rettungsinsel sucht, würde sie, wenn es sie wirklich gäbe, auch viel schneller finden. Zudem reagieren andere Menschen positiv auf Optimisten, die darum in Berufsleben, Partnerschaft und Freizeit im Vorteil sind. Optimismus schafft nicht nur Durchhaltevermögen, sondern auch Popularität und damit häufig Erfolg. Ein Versicherungsvertreter, der optimistisch denkt, steigert seine beruflichen Erfolge, ebenso wie eine Fußballmannschaft mit einer positiven Einstellung größere Aussichten hat, ihr angestrebtes Saisonziel zu erreichen. Der Präsidentschaftskandidat, der sich optimistisch gibt, verbessert seine Chancen auf einen Wahlsieg. Und eine optimistische Schwimmerin, der man vor einem wichtigen Wettkampf schlechte Trainingszeiten vortäuscht, wird letztlich noch besser abschneiden als erwartet.[4]

Die gesundheitlichen Vorteile des Optimismus sind erwiesen. Selbst Ratten können auf eine Injektion potentiell tödlicher Krebszellen auf verschiedene Weise reagieren. Injiziert man pessimistischen Versuchstieren eine Zellmenge, von der 50 Prozent der Kontrollgruppe sterben, während die andere Hälfte überlebt, so überstehen dies in der Versuchsgruppe nur 27 Prozent der pessimistischen Tiere, während 70 Prozent ihrer Artgenossen mit einer zuversichtlicheren »Lebenseinstellung« durchkommen.[5]

Dem Menschen schadet Pessimismus nicht weniger. Pessimisten sterben mit größerer Wahrscheinlichkeit an Herzkrankheiten als Optimisten, und sie sind auch anfälliger für Krebs. Bei einer Untersuchung männlicher Harvard-Studenten aus den 40er Jahren erwies sich, daß

Probanden, die im Alter von 20 Jahren sehr optimistisch waren, sich mit 65 mit größerer Wahrscheinlichkeit als ihre Kommilitonen bester Gesundheit erfreuten. Wer dagegen mit 20 zutiefst pessimistisch in die Zukunft sah, konnte mit 65, als die Fragebögen verschickt wurden, oft nicht einmal mehr ausfindig gemacht werden, weil er keine Adresse hinterlassen hatte.[6]

Vielleicht ist Optimismus vor allem deshalb so erstrebenswert, weil er sich einfach besser anfühlt. Wie lange man auch lebt und was immer man mit seinem Leben anfängt: Mehr Freude erlebt unweigerlich derjenige, der sich die Illusion einer Insel bewahrt, auf die er zuschwimmen kann. Er wird hoffnungsvoller und zufriedener in die Zukunft blicken und seltener deprimiert, ängstlich oder wütend sein. Vor die Wahl gestellt, das Leben durch die rosarote Brille der Hoffnung zu sehen oder es sich von Trauer, Wut und Sorge verdunkeln zu lassen – wer würde sich da nicht für die erste Option entscheiden? Und wenn er am Ende doch untergeht, wird derjenige, der bis zuletzt voller Hoffnung war, das Bad im Meer des Lebens um so mehr genossen haben. Optimismus, geboren aus der Illusion, ist eine höchst wünschenswerte Verzerrung der Realität.

Doch was genau tut die Illusion für uns, und wie werden wir durch sie zu Optimisten? Meiner Auffassung nach besteht die Bedeutung der Illusion darin, daß sie uns ein Ziel gibt, auf das wir zuschwimmen können, wenn wir uns wie erschlagen fühlen, müde bis auf die Knochen und der Verzweiflung nahe. Die illusionäre Insel hilft dem Optimisten, negative Gefühle abzuwehren, autonom und in seiner Mitte zu bleiben, Kapitän auf dem eigenen Schiff. Wie der Leuchtturm am Horizont, der ihm beim Segeln auf stürmischer See die Richtung weist, erlaubt die illusionäre Insel dem Optimisten, über die aktuellen, bedrohlichen Probleme (und die Gefühlswellen, die von diesen Problemen ausgelöst werden) hinauszublicken in eine Zukunft, in der er wieder festen Boden unter den Füßen hat. In dieser Situation reicht uns ein äußerer Orientierungspunkt nicht aus, weil er nicht von Dauer ist. Deshalb brauchen wir einen Leuchtturm in unserem Innern. Wir müssen lernen, uns den Horizont von seinem Licht erhellen zu lassen, damit wir den Leuchtturm in Situationen, in denen wir seine Führung am dringendsten benötigen, stets vor uns sehen. Meine Forschungen und meine langjährige Erfahrung in der klinischen Praxis haben gezeigt, daß die beste Rechtfertigung, sich die Illusion einer Insel oder den inneren Leuchtturm zu bewahren, in der Hoffnung liegt, die uns diese Hilfskonstruktionen noch im schlimmsten Sturmwind vermitteln.

In den folgenden Kapiteln werde ich zeigen, wie ich zu dieser Erkenntnis gekommen bin. Zunächst wird es darum gehen, daß wir zwar meist nur die äußeren Ungeheuer in unserem Leben beachten, daß es in Wirklichkeit aber die »wilden inneren Tiere«, die »Gefühlsmonster«, sind, die den Optimismus gefährden. Die standhaftesten Optimisten sind Menschen, die sich klarmachen, daß sie – egal, was ihr Tag auch bringt – allen Feinden der Außenwelt trotzen werden, weil sie sich selbst, ihre Gefühlsmonster und damit ihre Lebensperspektive im Griff haben. Zum Glück läßt sich Optimismus nach diesem neuen Verständnis einüben, weil er ein aktiver Prozeß ist.

Im dritten Kapitel betrachte ich den Zusammenhang

zwischen unserer Fähigkeit, den manchmal wild kochenden Gefühlstopf in unserem Innern herunterzuschalten, und unserem Vermögen, die Illusion der Kontrolle aufrechtzuerhalten. Um die biologischen Hintergründe des Optimismus geht es im vierten Kapitel: Worauf zielt – neurobiologisch betrachtet – der Versuch, unsere Perspektive in eine hoffnungsvollere Richtung zu lenken? Das Kapitel beschreibt außerdem, wie sich im Feuer der frühkindlichen Erfahrungen die Schaltverbindungen des Gehirns ausbilden.

Das fünfte Kapitel untersucht, auf welche Weise die problematischen Lektionen der Kindheit zum Nährboden für den Pessimismus werden, so daß wir noch als Erwachsene mit negativen Bildern von uns selbst und unserem Platz in der Welt zu kämpfen haben. Anschließend zeige ich anhand von Untersuchungsergebnissen, wie abhängig wir von anderen Menschen werden, wenn wir unsere Gefühlsmonster nicht beherrschen – wie unser angeschlagenes Selbstgefühl dann nur noch mit Hilfe der emotionalen Reaktionen anderer gestärkt werden kann.

Im siebten Kapitel lernen wir deshalb ganz konkrete Wege kennen, wie sich unser Optimismus-Level erhöhen läßt. (Dort steht, wie man es macht. Schlagen Sie ruhig gleich nach.) Meine Techniken zielen darauf ab, das Denken zu verändern, die Lebensperspektive zu verschieben und einen positiven Ansatz zu entwickeln. Anhand einiger ungewöhnlicher Experimente werde ich beweisen: Was man nicht fühlt, kann man ebensogut vortäuschen. Durch Überlisten unseres limbischen Systems mit Hilfe körperlicher Tricks verwandeln wir unsere Illusionen in sich selbst erfüllende Prophezeiungen.

Im achten Kapitel bewundern wir die Kunst eines Meisters der Illusion, eines außerordentlich tapferen Mannes, der sich trotz bedrückendster Aussichten seine illusionäre Insel aufbaut. Das neunte Kapitel schließlich beschreibt, auf welche Weise mein neuer Optimismus-Begriff mit der neuen Bewegung der Positiven Psychologie zusammenhängt. Indem wir untersuchen, was den Menschen glücklich macht, statt uns wie in der traditionellen Psychologie immer nur auf Ängste, Aggressionen und Depressionen zu konzentrieren, lernen wir – davon bin ich überzeugt – viel mehr über den Weg hin zum Optimismus.

Im Verlauf des Buches wird sich erweisen, wie wichtig unsere Fähigkeit ist, in unserem Inneren einen Leuchtturm der Stärke aufzubauen und ihn dort auch zu behalten – wie unerläßlich die Illusion einer Insel ist, auf die wir zuschwimmen können, wenn wir in Seenot geraten. Ich erkläre Ihnen, überzeugender als Sie es sich beim Lesen dieser Zeilen vermutlich vorstellen können, daß wir nicht als Optimisten geboren, sondern dazu gemacht werden. Der eigentliche Clou besteht jedoch darin, daß sich schon ein realer Kern psychologischer Stärke bildet, während wir noch die Fertigkeiten erlernen, mit denen wir uns die Rettungsinsel am Horizont schaffen. Und sobald sich der Boden unter unseren Füßen verfestigt hat, erkennen wir, daß wir fortan aus eigener Kraft aufrecht stehen werden – ein entscheidender Vorteil im Konkurrenzkampf des Lebens.

ZWEITES KAPITEL

Gorillas in unserer Mitte

»Ich habe geträumt, daß ich mit meiner Mutter im Zoo
war, und plötzlich sind die Gorillas aus ihren Käfigen
ausgebrochen. Die Leute um uns herum schrien auf
und rannten weg, und ich hatte Todesangst. Meine
Mutter und ich haben uns im Giraffenhaus versteckt,
aber dann kam es uns so vor, als würden uns die Gorillas umzingeln und immer näher kommen. Als ich an
mir hinuntersah, bemerkte ich, daß der Stoff von meinem Mantel sich in Fell verwandelt hatte, und dann
wurde das Fell wieder zu Mantelstoff, und so ging es
immer hin und her. Ich hatte panische Angst.«

Wenn wir überlegen, was unsere Fähigkeit zum Optimismus beeinflußt, denken wir eigentlich fast immer
an die Gorillas da draußen, die unkontrollierbaren Ungeheuer der Außenwelt, die überraschend aus ihren Käfigen ausbrechen und uns verfolgen könnten, während
wir, nichts Böses ahnend, den Tag im Zoo genießen. Wir
meinen zu wissen, daß es »reale« Ungeheuer sind, die
hinter der nächsten Ecke lauern, unsere Angst verstärken und uns pessimistisch machen. Doch wie der Traum
meiner Patientin Vicky andeutet, sind es nicht nur die
leibhaftigen Gorillas, die uns aus dem Gleichgewicht
bringen. Sie wohnen auch in unserem Inneren. Als
Vicky wegrennt und sich mit ihrer Mutter vor den Gorillas versteckt, merkt sie plötzlich, daß *sie selbst* sich in
einen Affen verwandelt — aus ihrem Mantel wird ein
Fell und aus dem Fell wieder ein Mantel.

Dieses Kapitel beschreibt, wie ich zu der Auffassung gelangt bin, daß in Wirklichkeit die wilden Tiere in uns – Gefühlsmonster der Angst, Wut und Traurigkeit, die uns manchmal zu überwältigen drohen – die eigentliche Bedrohung für unsere Optimismusfähigkeit darstellen.

Während wir uns bewußt sind, daß eine drohende Gefahr von außen uns schlagartig in Panik versetzen kann, unterschätzen wir für gewöhnlich den umgekehrten Fall: die ungeheure Wirkung unserer Angst, Wut und Trauer auf unsere Wahrnehmung der Außenwelt. Denn in Wirklichkeit ist die Art, wie wir die Welt wahrnehmen – ob wir zum Beispiel bei unserem Gang zum Supermarkt mit einem Angriff von King Kong rechnen – nur ein Spiegel unserer innersten Gefühle. Unsere Sicht der Menschen, Orte und Ereignisse wird stets durch die Linse unserer Emotionen und Gedanken gefiltert. Doch weil diese Linse unsere Umwelt so überzeugend färbt und ein integraler Bestandteil unseres Denkens und unseres Gehirns ist, vergessen wir leicht, daß es sie überhaupt gibt. Wir glauben, wir würden die Dinge so sehen, »wie sie wirklich sind«, und ignorieren die Tatsache, daß es keine »wirkliche« Realität gibt, sondern nur die, die das Gehirn sich aus den Erfahrungen, wie es sie durch die Linse unserer momentanen Stimmung wahrnimmt, erst konstruiert. Wenn wir also unsere optimistische oder pessimistische Haltung mit äußeren Ereignissen rechtfertigen wollen, vergessen wir, daß die Art, wie wir die Umwelt sehen, in hohem Maße von unserer Gemütsverfassung abhängt. Kurz: Unseren Optimismus gefährdet vor allem das Grollen der Gefühlsmonster in unserem Inneren.

Unser Gemütszustand färbt aber nicht nur unsere gegenwärtige Perspektive, sondern auch unsere Wahrnehmung der Vergangenheit und der Zukunft. Auch sie ist »selbstgemacht«, eine mentale Konstruktion, die sich von einem Augenblick zum anderen verschieben kann, je nachdem, wie wir uns gerade fühlen. Tatsächlich können wir die Vergangenheit und die Zukunft gar nicht anders sehen als durch den Filter unserer inneren Gegenwart, denn Erinnerungen und Zukunftsphantasien beruhen auf unserer Einschätzung unseres gegenwärtigen Standpunktes. Tummeln sich in unserem Inneren die bedrohlichen Gorillas und jagen uns Angst ein, dann müssen wir jeden Augenblick damit rechnen, daß sie uns aus einer dunklen Ecke anfallen. Erst wenn wir einen Weg gefunden haben, diese Gefühlsmonster in uns zu bändigen, wenn wir wieder in einem interessierten, freudig gespannten oder glücklichen Zustand sind, erkennen wir um uns herum einen blauen Himmel. Wir sollten uns unbedingt darüber im klaren sein, wie stark unser aktueller Seelenzustand darüber bestimmt, ob wir den Alltag optimistisch oder pessimistisch erleben. Es ist sogar denkbar, daß es Optimismus oder Pessimismus unabhängig von unserer gegenwärtigen Stimmung gar nicht gibt.

Bei einem Fall aus meiner psychiatrischen Praxis wurde mir zum ersten Mal bewußt, daß Optimismus viel eher ein Prozeß ist als ein stabiler Zustand. Ich behandelte damals eine Patientin mit kurzphasiger bipolarer Störung, bei der sich extreme Hoch- und Tiefphasen rasch abwechselten. In der manischen Phase sah sie eine strahlende Zukunft vor sich und wußte, daß sie eine berühmte Schriftstellerin werden würde. Aber schon nach wenigen Tagen wurde sie depressiv und war davon überzeugt, daß Selbstmord die beste Lösung wäre. Ich beobachtete, daß sich ihre Lebenseinstellung nicht ein- oder zweimal, sondern immer wieder veränderte, je nachdem, an welchem Punkt in dem Auf und Ab sie sich gerade befand. Es wurde deutlich, daß ihre Sicht von sich selbst und ihrer Umwelt, aber auch ihre Erwartungen für die Zukunft untrennbar mit ihrem jeweiligen inneren Zustand verbunden waren.

Aber was ist mit den Menschen, die nicht unter solchen bipolaren Zyklen leiden? In jüngerer Zeit hat der verbreitete Gebrauch von Antidepressiva bei einem großen Teil der amerikanischen Allgemeinbevölkerung gezeigt, daß sich Pessimismus mit sofortiger Wirkung in Optimismus verwandeln läßt. Mit einem Medikament wie Prozac kann der dysphorische (unruhige) und dysthymische (krankhaft verstimmte) Esel I-Ah vielleicht zum erstenmal in seinem Leben das berühmte Glas als halb voll wahrnehmen. Wenn man als Psychiater beobachten kann, wie ein Patient, der seine pessimistische Einstellung bislang als gegeben hingenommen hat, sich selbst und die Welt plötzlich ganz anders sieht, ist das außerordentlich verblüffend.

Bis hierher habe ich meine These über die zentrale Beziehung zwischen Optimismus und gegenwärtiger Stimmung nur mit Geschichten belegt. Doch die Wissenschaft hat's bewiesen: Jahrzehntelange Forschungen haben gezeigt, daß die Art und Weise, wie wir in einem bestimmten Moment uns selbst, unsere Umwelt und unsere Zukunftsaussichten beurteilen, in hohem Maße von unserem emotionalen Zustand in diesem Moment abhängt. Es begann mit einer Reihe einfacher Untersuchungen des Psychologen Gordon Bower. Er bat die Versuchspersonen, sich an Kindheitserlebnisse zu erinnern und diese als angenehm, unangenehm oder neutral einzustufen. Am Tag darauf wurden alle Probanden in einen glücklichen beziehungsweise traurigen Zustand versetzt und dann gebeten, sich an die Ereignisse zu erinnern, die sie am Vortag beschrieben hatten. Diejenigen mit positiver Stimmung neigten dazu, sich an glückliche Geschichten aus der Kindheit zu erinnern, während die traurigen Versuchspersonen sich eher traurige Kindheitserfahrungen ins Gedächtnis riefen.

Bower zeigte ferner, daß die Interpretation mehrdeutiger Zeichnungen davon abhing, in welcher Stimmung seine Probanden waren. Auch nach der Lektüre einer Geschichte, in der eine glückliche und eine traurige Person sich treffen, bestimmte die Gemütslage der Versuchspersonen, mit welcher der beiden sie sich identifizierten und von welcher sie Details im Gedächtnis behielten.[1] Unsere Gefühle steuern also unseren Blickwinkel nicht nur auf uns selbst, sondern auch auf die Menschen um uns herum.

Bowers Ergebnisse versetzten die Psychologen, die sich für das Phänomen der sogenannten ›Stimmungskongruenz‹ interessierten, in helle Aufregung. Die Wirkungen der Stimmungskongruenz, so kam heraus, beeinflussen das Gedächtnis und den Abruf seiner Inhalte, die Wahrnehmung von Ereignissen, die Interpretation der Umwelt und die Einstellung zu uns selbst, unserer Vergangenheit und unserer Zukunft. Bringt man nichtdepressive Menschen durch eine traurige Geschichte in eine traurige Stimmung und lehrt sie anschließend Wörter, die man allgemein mit Glück beziehungsweise mit Trauer assoziiert, so lernen sie die Wörter der Trauer viel besser als die Wörter des Glücks. Versetzt man sie anschließend mit einer humorvollen Hörkassette in etwas bessere Laune, erinnern sie sich überwiegend an fröhliche Ereignisse aus ihrer Kindheit. Versetzt man dieselbe Gruppe am nächsten Tag in Angst, werden die Geschichten, die die Teilnehmer über ihre Vergangenheit, Gegenwart und Zukunft erzählen, von Angst und Sorge geprägt sein. Macht man sie wütend, nehmen sie andere Menschen ebenfalls als feindlich gesinnt wahr und meinen gar, diese hätten es auf sie abgesehen. Fragt man ängstliche Probanden, ob die Gesichter um sie herum negative Gefühle zeigen, so kann man beobachten, wie ihnen aus den Gesichtern der anderen die eigene Stimmung entgegenschlägt – sie scheint sich in den ängstlichen, unglücklichen Mienen der anderen zu spiegeln. Fragt man Menschen in trauriger oder ängstlicher Stimmung, wie wahrscheinlich es ist, daß sie von Schicksalsschlägen heimgesucht werden, kann man buchstäblich sehen, wie sich ihre eben noch strahlende Zukunft in ein Jammertal verwandelt.[2]

Diese Phänomene sind jedoch nicht auf die Versuchssituation beschränkt. In einer kürzlich vorgenommenen Untersuchung sollten sich Menschen mit kurzzyklischer bipolarer Störung an autobiographische Ereignisse erinnern. Auch hier ergab sich, daß ihre augenblickliche Stimmung entscheidend dafür war, ob sie sich an glückliche oder traurige Begebenheiten erinnerten.[3] Eine weitere Studie an über 700 Studierenden ergab, daß autobiographische Erinnerungen, die mit einem Wort oder einer Idee assoziiert wurden, bei ihrem Abruf stark unter dem Einfluß des augenblicklichen Gefühlszustands der befragten Person standen.[4] Welche Erinnerungen wir abrufen, was wir in der Gegenwart wahrnehmen und uns merken und was wir von der Zukunft erwarten, ist also durchweg von unserer aktuellen Verfassung bestimmt.

Diese Wirkungen der Stimmungskongruenz zeigen, wie wenig stabil Optimismus und Pessimismus in Wirklichkeit sind. Wie eine Linie aus einzelnen Punkten besteht, so setzt sich unser Gefühlsleben aus einer Reihe fluktuierender seelischer Zustände zusammen, die häufig von einem Augenblick zum anderen wechseln. Ein niedergeschlagener I-Ah kann sich über lange Zeit in negative Emotionen verrennen und wird dann von den pessimistischen Grübeleien gepackt, die durch diese Emotionen ausgelöst werden. Ein lebenslustiger Tiger hingegen, der manchmal wie ein Gummiball durchs Leben zu springen scheint, ist in Wirklichkeit jemand, der es schafft, einen positiven Moment an den anderen zu fügen, so daß seine Fröhlichkeit so mühelos wirkt wie die Glückssträhne einer Fußballmannschaft.

Unsere Optimismusfähigkeit beruht außerdem auf der Gewißheit, daß wir eine große Bandbreite an Gefühlen durchleben können, ohne in einem von ihnen steckenzubleiben. Eine Optimistin wird sich Trauer angesichts des Leids in der Welt erlauben und kann sich trotzdem vorstellen, daß sie später wieder fröhlich sein wird. Ein Pessimist, dem es gerade einmal gutgeht, fragt sich dagegen oft schon im voraus, wann sein nächster »Absturz« kommt, und er sucht manchmal so intensiv nach Anzeichen für das Umschlagen seiner Stimmung, daß er es selbst heraufbeschwört.

Viele Menschen teilen die Welt mühelos in Optimisten oder Pessimisten ein, doch wenn man sie genauer befragt und sie intensiver über die Gründe nachdenken, erscheint ihnen plötzlich doch alles viel komplexer als zuvor.

Mein Kollege Joseph zum Beispiel antwortete auf die Frage nach dem halb leeren oder halb vollen Glas: »Ich bin ein Pessimist. Ich rechne immer mit dem Schlimmsten und stelle mir vor, was in einer bestimmten Situation alles schiefgehen kann.« Hier zögerte er und sah mich nachdenklich an. »Das heißt aber nicht unbedingt, daß ich glaube, daß es schlecht ausgeht. Eigentlich habe ich eher das Gefühl, daß ich die Katastrophe schon rechtzeitig erkennen und das Nötige tun werde, um sie zu verhindern. Das heißt zwar, daß ich mir viele Sorgen mache, aber am Ende erwarte ich eigentlich, daß alles gut ausgeht. Vielleicht bin ich doch eher ein Optimist?«

Meine Freundin Stacy, eine erfolgreiche Anwältin, gestand mir, daß sie sich manchmal heimlich davor fürchtet, als Obdachlose auf der Straße zu enden. »Ich bin eigentlich eine Optimistin, aber manchmal stelle ich mir vor, daß ich verklagt werde und alles verliere, obwohl ich eigentlich gar nichts verbrochen habe. Und wenn ich erst mal auf diesen Gedanken gekommen bin, werde ich ängstlich und depressiv und gerate in Panik, und da komme ich nur sehr schwer raus. Oder vielleicht bin ich auch von vornherein ängstlich und depressiv und komme deshalb auf so schreckliche Gedanken. Ich weiß es nicht. Und die Leute denken die ganze Zeit, ich wäre ein fröhlicher, optimistischer, tatkräftiger Mensch. Solange es mir gutgeht, bin ich das ja auch. Aber vielleicht bin ich pessimistischer, als es scheint, weil ich mir so leicht vorstellen kann, alles zu verlieren und heimatlos und einsam zu enden. Ich glaube, im Grunde bringe ich viel Zeit damit zu, mich zur Fröhlichkeit zu zwingen – in der Hoffnung, mir die gute Laune zu bewahren und alle Ängste abzuwehren. Aber unter der fröhlichen Oberfläche verbirgt sich das Gefühl, ich könnte jeden Augenblick zusammenbrechen. Ich fühle mich dann wie in einem Minenfeld.«

Meine Patientin Vicky, mit deren Traum das Kapitel begann, kam eines Tages in einer Therapiesitzung von sich aus auf das Thema Optimismus zu sprechen und erkannte dabei nach und nach, daß sie häufig pessimistisch wurde, wenn sie fand, das alles ein wenig *zu* gut liefe. »Ich fange an, hinter der nächsten Ecke einen Gorilla zu vermuten, wenn ich denke, das ist doch alles zu schön, um wahr zu sein. Nach meiner Beförderung zum Beispiel habe ich mir eines Tages plötzlich Gedanken über einen Satz in einer Notiz gemacht, die ich verschickt hatte, und konnte mich gar nicht wieder beruhigen. Es hat mich richtig runtergezogen. Ich bekam das Gefühl, durch diesen Satz würden meine Chefs merken, daß sie bei der Beförderung einen Fehler gemacht hatten. Sie würden rauskriegen, daß ich nicht gut genug war. Andererseits hatte ich den Eindruck, daß ich mir *selbst* den Wind aus den Segeln nehmen wollte, um zu verhindern, daß ich mich zu gut und zu erfolgreich fühlte. Und das hat leider auch geklappt. Ich werde erst dann richtig pessimistisch, wenn ich eine Menge objektive Gründe habe, optimistisch zu sein. Wenn ich mal nicht soviel Grund zur Freude habe, denke ich eigentlich ganz positiv über mich und meine Zukunft.« Sie mußte lachen, als ihr der Widerspruch in ihrer Erzählung aufging.

Wie diese kleinen Selbstzeugnisse nahelegen, entsteht Optimismus aus der unbewußten Überzeugung, daß wir unser Innenleben unter Kontrolle haben, aus der Sicherheit, daß wir uns auf unsere Fähigkeit zur Regulierung unserer inneren Zustände verlassen können. Pessimismus tritt auf, wenn wir das bezweifeln, wenn uns unsere Mechanismen zur »emotionalen Klimakontrolle« unzuverlässig erscheinen.

Mein Kollege Joseph findet sich als Reaktion auf eine bevorstehende bedrohliche Situation plötzlich in einer ängstlichen Stimmung wieder und macht sich daher Sorgen über das, was schiefgehen könnte. Durch diesen inneren Prozeß stellt er fest, welche Probleme sich abzeichnen könnten, geht sie an und löst sie. Dies erweist sich als ein produktiver Weg, seinen emotionalen Zustand zu modulieren, denn er gibt ihm das Gefühl, daß er allen drohenden Gefahren zuvorkommen wird. So verliert er durch das Grübeln über die möglichen negativen Entwicklungen seine Angst, fühlt sich kompetent und glaubt, die Machenschaften seines Innenlebens unter Kontrolle zu haben: es geht ihm wieder gut.

Vielleicht gibt es letztlich bessere Wege, eine sorgenvolle Stimmung zu modulieren, als jeden vorstellbaren Drachen sozusagen im voraus zu erschlagen, doch Josephs persönliche Methode der Stimmungsmodulation funktioniert zumindest. Der *Prozeß* wirkt auf den ersten Blick pessimistisch, sein *Ergebnis* aber ist eigentlich eine optimistische Einstellung gegenüber der Zukunft: Joseph hat das Gefühl, daß er mit dem, was das Leben ihm in den Weg legen könnte, schon fertig werden wird, und verläßt sich darauf, daß er sein inneres Klima positiv beeinflussen kann.

Stacy dagegen wirkt zwar vordergründig optimistischer, kann aber das Abgleiten in die Angst, verklagt zu werden und alles zu verlieren, nicht mehr stoppen, wenn diese Gefühle erst einmal angefangen haben. Ihre Grübeleien führen zu psychologischer Entropie, sie verstärken ihr inneres Gefühl des Ausgeliefertseins und der Bedrohung. Sie beginnt, ihre Umwelt als chaotisch und gefährlich wahrzunehmen. In ihrem Fall also verstärkt das Grübeln ihr Unwohlsein, statt wie bei Joseph die Angst zu reduzieren. Die Sorgen lenken ihre Gedanken in die falsche Richtung und suggerieren ihr, daß sie zunehmend die Kontrolle verliert. Sie ist wie eine Katze, die den Aufrichtungsreflex verloren hat, mit dessen Hilfe sie bei einem Sturz stets auf den Pfoten landet. Da Stacy keine solche Methode hat, wieder festen Boden unter die Füße zu bekommen, bedeutet ihre Form des »Optimismus«, daß ihre beschwingte Laune auf keinen Fall erschüttert werden darf. Sie kann nicht wirklich optimistisch in die Zukunft blicken, weil sie weiß, daß sie jederzeit in eine Panik geraten könnte, aus der sie nur schwer wieder herauskommt.

Ähnliche Ängste vor dem sozialen Abstieg in die Armut kenne ich von so vielen Menschen, daß ich inzwischen glaube, es ist eine Metapher für ihren Mangel an Kontrolle über ihre Innenwelt, ein Begriff für die Tiefe, in die ihre Stimmung manchmal stürzt. Doch was noch schlimmer ist: Als ich meine Freundin fragte, was diese Anfälle von sorgenvollen Selbstzweifeln auslöse, wußte sie keine Antwort. Das bedeutet jedoch, daß sie sich ständig gefährdet fühlen muß, sich chronisch Sorgen macht, wie sie einen Absturz überleben würde. Sie muß also die ganze Zeit auf der Hut sein und viel Energie darauf verwenden, ihre gute Laune zu bewahren, um sich und andere zu überzeugen, daß sie optimistisch ist. Überdies ist es wahrscheinlich, daß ihr das positive, beschwingte Selbstbild falsch vorkommt, daß es ihrem wirklichen Selbst nicht entspricht. Ein zusätzliches Problem ihrer Art der Stimmungsregulation ist also die Tatsache, daß sie sich wie eine Schwindlerin fühlt und damit zu einem Selbstbild kommt, das vielleicht zusätzlich zu ihren Phantasien der Obdachlosigkeit beiträgt.

Vickys scheinbar unsinnige Versuche, sich zu bremsen, wenn sie sich ein wenig zu gut fühlt, verweisen darauf, wie wichtig Stimmungsmodulation auch bei *positiven* Gefühlszuständen ist. Ihr beruflicher Erfolg versetzt Vicky in einen Zustand starker Erregung. Man würde erwarten, daß sie in diesem Moment vertrauensvoll und optimistisch in die Zukunft sieht, doch statt dessen regt sie sich über einen kleinen Fehler in einer Notiz übermäßig auf. Warum? Die Intensität ihrer positiven Emotion ist ihr unheimlich, sie fühlt sich davon schier erdrückt und befürchtet, daß sie nun überheblich und angeberisch wird. Wie meine Freundin, die Anwältin, hat sie Angst, die Kontrolle zu verlieren, nur in die entgegengesetzte Richtung. Sie fürchtet sich nicht davor, wie eine Katze ohne Aufrichtungsreflex aus großer Höhe auf den Kopf zu fallen, sondern davor, aus ihrem intensiven Gefühlszustand heraus – psychologisch gesprochen – einfach abzuheben und durchs Zimmer zu fliegen. Sie macht sich Sorgen, *damit* ihre Stimmung ein Stück tiefer rutscht und sie in einen vertrauteren Zustand kommt, in dem sie sich besser in der Gewalt hat.

Dieses psychologische »Luftablassen« funktioniert zwar, ist aber keine gute Art, Emotionen zu modulieren. Vicky schränkt ihr Gefühl freudiger Erregung ein, das sie sich in einer Situation wie einer Beförderung, in der diese Emotion völlig angemessen wäre, doch eigentlich zugestehen könnte. Besser wäre es, wenn sie statt dessen ihre Fähigkeit zur Bewältigung intensiver Erregung erweitern könnte. Dann könnte sie ihre Erfolge ohne die Angst genießen, sich emotional zu überlasten.

Damit will nicht gesagt sein, Stimmungsmodulation ziele darauf ab, uns jederzeit in einem emotional angenehmen, positiven Zustand zu halten, ebensowenig wie das Modulieren in der Musik darauf abzielt, daß alle immer nur in C-Dur singen. Das würde unser Leben langweilig und uninteressant machen. Nicht ohne Grund suchen manche Menschen die intensive Mischung aus Angst und Erregung, die sie in einer Geisterbahn oder einem Horrorfilm verspüren, während andere zum zehnten Mal die *Love Story* im Fernsehen ansehen, obwohl sie wissen, daß sie dabei zu Tränen gerührt werden.

Was wir zumeist als negative Stimmungszustände betrachten – Angst, Trauer und ähnliche Gefühle –, macht uns nicht unbedingt pessimistisch, solange wir das Gefühl haben, diese Emotionen zu beherrschen. Wahrscheinlich gehört es zum Reiz solcher ›Kicks‹, daß wir uns dabei beweisen wollen, mit Angst oder Trauer umgehen oder sie sogar besiegen zu können. Die Schlüsselwörter hierbei sind Kontrolle und Freiwilligkeit. Aber wenn die negativen Gefühle ungebeten über uns hereinbrechen und wir in ihnen zu versinken drohen, werden sie problematisch. Auch positive Gefühle können unangenehm sein, wenn sie zu intensiv werden. Was das Leben interessant macht, ist – wie in der Musik –

Spannung, Dissonanz und erhöhte Intensität. Wenn wir auf unsere Fähigkeit vertrauen können, uns selbst wieder zu beruhigen, dann steht uns auch ein breiteres Spektrum an angenehmen, positiven und akzeptablen Gefühlen zur Verfügung. Mit diesem erweiterten Spektrum emotionaler Klangfarben bekommen wir einen besseren Zugang zu den Phantasien und der Kreativität unserer Innenwelt.

Wie ein Komponist, der sich für sein Werk eine schwierige Tonart aussucht, fühlen wir uns in den gerade noch zu bewältigenden Stimmungszuständen wohler, wenn wir wissen, daß wir die inneren Fertigkeiten besitzen und die nötigen Schritte kennen, die uns wieder zur Normalität zurückbringen. Je besser wir darin werden und je sicherer wir uns fühlen, desto größer sind auch die Risiken, die wir eingehen können. Ein Leben, das nur in Primärfarben schwelgt, ist wie ein Musikstück, dem es an Spannung und Dissonanzen mangelt: übertrieben hell und fröhlich, ohne ein Fundament im Baß. Es ist, als würden wir die grauen, dunkelblauen, braunen und schwarzen Töne von unserer emotionalen Farbpalette verbannen. Niemand möchte immer in einem fröhlichen Marsch leben, niemand aber auch in einer ewigen Fuge. Die meisten Menschen möchten weder rein pastellfarbene Impressionisten oder unverbesserliche Optimisten sein, noch als permanent pessimistischer Rembrandt ihr Leben fristen. Aus psychologischer Sicht ist die beste Haltung eine flexible Lebenseinstellung, die es uns erlaubt, die gesamte Gefühlspalette zu nutzen, und dazu die Fertigkeit zu beurteilen, welche Stile und Farben wir in einer bestimmten Situation verwenden sollten.

Kay Redfield Jamison, eine Psychiaterin, die an manischer Depression leidet, beschreibt das unausweichliche Auf und Ab ihrer Stimmung und den damit verbundenen Optimismus und Pessimismus so:

»Wir alle bauen innere Dämme, um die Traurigkeit unseres Leben und die oft überwältigenden Kräfte in unserem Innern von uns fernzuhalten ... Eins der schwierigsten Probleme dabei ist es, diese Dämme so hoch und stabil zu bauen, daß sie uns einen sicheren Hafen bieten, ein Schutzgebiet fern von Leid und Schmerzen, und doch durchlässig genug, das frische Süßwasser hereinzulassen, das uns vor dem unvermeidlichen, trüben Brackwasser bewahrt.«[5]

Die Herausforderung besteht darin, dem Brackwasser flacher, verkümmerter Gefühle zu entgehen und die tiefen Gefühle zuzulassen, ohne andererseits von der Trauer, dem Schmerz und der Angst überschwemmt zu werden, die mit unseren innersten Gefühlen verbunden sein können, wenn sie zu intensiv sind.

Während Pessimisten nur das Lied von der Angst kennen, sind Optimisten meisterhafte Musiker der Psyche. Sie haben sich durchlässige Dämme konstruiert, mit denen sie die Intensität und Bandbreite innerer Gefühlszustände regulieren können, ohne ihre Gefühle dabei zu unterdrücken. Noch wichtiger dafür, daß ihr Optimismus andauert, ist jedoch ihr Vertrauen darauf, daß sie die nötigen inneren Kräfte besitzen, um jede Wendung des Schicksals zu bewältigen. Wie der Schleusenwärter am Kanal, der sein komplexes Schleusensystem im Schlaf beherrscht, wissen sie, daß sie die Fluten ihrer inneren Gefühlszustände kontrollieren können, daß sie an den Schalthebeln der Macht sitzen. Ihre Selbstgenügsamkeit und Fähigkeit zur Autonomie macht die Optimisten widerstandsfähig, gibt ihnen die inneren Fertigkeiten, die ihnen über harte Zeiten hinweghelfen. Pessimisten sind weniger begünstigt, weil sie ihre inneren Zustände weniger gut beherrschen. Je mehr Zeit sie in problematischen Stimmungszuständen wie zum Beispiel Angst zubringen, um so pessimistischer werden sie.[6]

Der Begriff Optimismus ist abgeleitet von dem lateinischen »optimus« für »das Beste«. Ursprünglich bezeichnete er die Doktrin des Philosophen Leibniz, der in seiner 1710 erschienenen *Theodicée* die Auffassung vertrat, wir lebten in der »besten aller möglichen Welten«. Leibniz glaubte, daß der Schöpfer aus allen möglichen Welten, die er sich vorstellen konnte, die Welt ausgewählt hat, in der wir leben – als die Welt, in der das meiste Gute auf Kosten des geringsten Bösen verwirklicht werden kann. Wenn wir Optimismus in dem von mir vorgeschlagenen Sinn verstehen, ist diese alte Definition noch heute gültig. Optimismus entsteht, wenn unsere gegenwärtige innere Welt zu einem gegebenen Zeitpunkt die beste aller möglichen inneren Welten ist – die Welt, in der unser Wohlbefinden und das Gefühl autonomer Kontrollfähigkeit am größten sind.

Mein neues Optimismusverständnis enthält vor allem die gute Nachricht, daß unser Modulieren von Stimmungen völlig unabhängig von äußeren Umständen geschieht. Aber wissen wir das nicht ohnehin schon? Wir bewundern doch Menschen, die sogar angesichts dramatischer und schwieriger äußerer Ereignisse oder einer düsteren Zukunft optimistisch bleiben. Und wir kennen auch die Kehrseite der Medaille: daß die reichsten Menschen, umgeben von Luxus und trotz glänzender Zukunftsaussichten, manchmal extrem pessimistisch und hoffnungslos sind.

Bisher wurde angenommen, Lebenseinstellungen seien genetisch bedingte Charaktereigenschaften. Doch wenn man bedenkt, wie sehr unsere Einstellung von einer momentanen Stimmung abhängt, liegt die Vermutung näher, daß uns nur unsere *inneren* Gefühlsmonster gefährlich werden können. Wer optimistisch ist, glaubt an seine Fähigkeit, vor allem schmerzhafte, negative Gefühlszustände selbständig zu regulieren, und hat diese Fähigkeit auch bereits an sich kennengelernt. Je besser sie entwickelt ist, je leichter dieser Mensch sich also in einer Krisensituation selbst beruhigen kann, um so größer wird sein Gefühl des Optimismus sein.

Das innere Erleben von Autonomie, Eigenständigkeit und einer integrierten Persönlichkeit ist die eigentliche Insel der Stärke, über die Optimisten verfügen und aus der sie die Illusionen beziehen, die ihnen Auftrieb geben, wenn sie unterzugehen drohen. Sie befähigen sie zu außergewöhnlichen Taten, wie die Musiker auf der *Titanic*, die weiterspielten, während das Schiff sank, und dabei weder die sehr reale Gefahr, in der sie sich befanden, verleugneten, noch ihren Ängsten nachgaben.

Optimisten halten sich für emotional robust, und das befähigt sie, das Glas als halb voll zu sehen und nicht als halb leer. Je besser und glatter der emotionale Regulierungsmechanismus funktioniert, um so mehr Stunden unseres Alltags verbringen wir in diesem angenehmen Zustand des Optimismus. Und je länger und häufiger wir uns wohl fühlen, um so optimistischer wirken wir. Doch der optimistische Eindruck, den andere von uns haben, gibt nur das Gesamtbild wieder, die Summe aller kleinen, zwischen Optimismus und Pessimismus schwankenden Augenblicke – Optimismus ist keine stabile, dauerhafte, unerschütterliche Eigenschaft.

Die starke Wirkung der Stimmungskongruenz bedeutet nämlich auch, daß wir in trauriger Stimmung zu traurigen Gedanken neigen, uns dazu passende Reize suchen (etwa ein trauriges Lied im Radio) und daß wir uns selbst wie auch andere im Licht unseres inneren Zustands der Trauer sehen. Wenn wir ein besseres Gefühlsklima ansteuern wollen, müssen wir uns gegen die Wirkungen der Stimmungskongruenz wehren. Mit anderen Worten, wir müssen einen Weg finden, unsere Stimmung zu ändern: vielleicht indem wir an etwas Schönes denken oder bewußt etwas Schönes tun oder uns einen fröhlichen Blick auf uns selbst und andere gestatten, um uns aus unserer traurigen Stimmung zu reißen. Diese jedoch zieht uns immer wieder herunter und versucht, unsere Gedanken und Wahrnehmungen wieder mit der in uns vorherrschenden traurigen Stimmung in Einklang zu bringen. Und sie macht uns an diesen traurigen Blick auf uns selbst und andere und an unsere negative Sichtweise der Vergangenheit und der Zukunft glauben. Deshalb sind wir häufig unfähig oder unwillig, unsere momentanen Sichtweisen ernsthaft in Frage zu stellen. Die Voraussetzung dafür, daß wir aus einem solchen Gefühlszustand heraus unsere Stimmung modulieren, besteht im wesentlichen darin, daß wir sie ernst genug nehmen, um uns aktiv wieder »nach oben« arbeiten zu können, aber dann doch wieder nicht so ernst, als stimmte sie mit der Realität überein.

Es gehört zu meinen häufigsten Interventionen als

Psychiaterin, meine Patienten daran zu erinnern, daß ihr Blick auf die Welt, auf sich selbst und die Menschen um sie herum durch ihre gegenwärtige Stimmung beeinflußt wird. Das zu begreifen fällt ihnen extrem schwer.

Ich leugne damit nicht, daß die Außenwelt Einfluß auf unsere Gefühle hat – natürlich bekommen wir Angst, wenn ein Gorilla aus seinem Käfig ausbricht. Aber wenn wir optimistischer werden wollen, müssen wir uns die entscheidende Rolle, die unsere innere Verfassung auf unsere Weltsicht hat, unbedingt bewußt machen. Unsere Angst suggeriert uns, wir würden die Kontrolle verlieren und seien von Gorillas umgeben – auch dann, wenn weit und breit keiner zu sehen ist.

Dieser Sachverhalt spiegelt sich in dem alten psychoanalytischen Witz, an den ich denken mußte, als Vicky mir das erste Mal von ihrem Traum erzählte: Eine Frau träumt, daß sie von einem Gorilla verfolgt wird, und rennt in Panik davon. Doch er kommt immer näher, und bald spürt sie seinen heißen Atem im Nacken. »Und was machst du jetzt mit mir?« fragt die Frau mit zitternder Stimme. »Weiß ich doch nicht, Frau«, antwortet der Gorilla. »Es ist schließlich *dein* Traum.«

DRITTES KAPITEL

An den Schalthebeln der Macht

Aus dem dargestellten Zusammenhang zwischen einem positiven emotionalen Zustand und Optimismus ergibt sich eine einfache Schlußfolgerung: Finden Sie heraus, was Sie gerne tun, bei welcher Tätigkeit Sie sich so richtig wohl fühlen, und tun Sie es. Zufriedene Menschen blicken optimistisch in die Vergangenheit, Gegenwart und Zukunft. Der Sumpf unserer negativen Gefühle zwingt uns zwar zu Boden und macht uns auch noch glauben, dies sei der Boden der Tatsachen. Deshalb ist es für Menschen, die ganz in ihren negativen Gefühlen gefangen sind, meist ausgesprochen schwer herauszufinden, was ihnen gefällt, und das dann zu tun. Wenn sie das aber schaffen, sind sie schon auf dem besten Weg zu einer optimistischeren Lebenseinstellung.

Ich bin zum Beispiel am glücklichsten, wenn ich Auto fahre – ich weiß nichts Schöneres, als bei lauter Musik über den West Side Highway zu brausen und aus voller Kehle meine Lieblingslieder zu singen. Vielleicht ist es das Gefühl, Manhattan zu umarmen, auf dem Rand dieser Insel zu balancieren, ohne herunterzufallen. Oder es ist ein Überbleibsel meiner Kindheit im ländlichen Texas, wo das Auto für Freiheit und Mobilität stand und nicht für Verkehrsstaus und Parkprobleme wie in der Großstadt. (Um ehrlich zu sein, fahre ich bei solchen Gelegenheiten oft ein bißchen zu schnell und singe ein bißchen zu laut.) Vielleicht kommt mein gutes Gefühl daher, daß ich mich wie die Herrin über mein eigenes kleines Universum fühle, daß ich über Tempo, Ziel und Weg selbst entscheide, daß *ich* bestimme, was ich unterwegs sehen und hören und singen will. Ich bin jedenfalls dann optimistisch.

In letzter Zeit sind mir bei diesen Ausflügen ein paar neue Reklametafeln am Straßenrand aufgefallen. Da stand zum Beispiel: »Die Hälfte der Fahrschüler im Bundesstaat New York ist bei der ersten Führerscheinprüfung durchgefallen. Fahren Sie vorsichtig.« Oder: »Vierzig Prozent der Autofahrer lesen dies, statt auf den Verkehr zu achten.« (Ich eingeschlossen.) Diese Werbung, die vor allem auf humorvolle Weise Aufmerksamkeit erregen will, gab mir zu denken. Es ging nicht darum, daß *ich* mein Auto nicht unter Kontrolle hatte, o nein – die Tafeln machten mich darauf aufmerksam, daß ich mich vor *den anderen* vorsehen mußte. Na gut, gestand ich mir dann ein, vielleicht ging ich selbst auch manchmal ein bißchen zu weit.

Optimismus entsteht durch die Fähigkeit, sich das Gefühl der Kontrolle zu bewahren und es zu genießen, an den Schalthebeln der Macht zu sitzen – auch wenn es bloß eine Illusion ist. Die Illusion, das eigene Schicksal selbst bestimmen zu können, macht uns optimistisch, trotz der Anzeichen um uns herum, die dem widersprechen. Diese Fähigkeit und das Vermögen, uns die Gefühlsmonster in unserem Inneren zu unterwerfen, bedingen sich gegenseitig. Wer beim Zähmen der inneren Emotionen fest im Sattel sitzt, bekommt das Gefühl, auch die Außenwelt unter Kontrolle zu haben, und umgekehrt.

Doch diese Verbindung zwischen der Beherrschung der Außen- und der Innenwelt ist nicht kreis-, sondern spiralförmig – ein wichtiger Unterschied für Patienten, die gegen eine Depression ankämpfen. In den Therapiesitzungen frage ich sie immer, wie es dazu kommt, daß ihre inneren Ängste sie überall nur Probleme sehen lassen und sie dadurch wieder in die absteigende Spirale der Angst geraten. Doch ich zeige ihnen auch, daß oft schon ein Schubs in die richtige Richtung genügt, um ihnen genug innere Stärke für eine hoffnungsvolle Einstellung zu geben, damit sie sich an die Schalthebel der Macht setzen und so wieder die positive, aufwärts gerichtete Spirale nutzen können. Und je stärker ihr Gefühl der Kontrolle über ihre Umwelt wird – wie illusorisch es auch sein mag –, um so größer wird ihre Fähigkeit zum Optimismus.

Diese Kontrollüberzeugung gefällt uns sogar so gut, daß wir uns die Illusion, an den Schalthebeln der Macht zu sitzen, selbst dann schaffen, wenn wir in Wirklichkeit bloß Trittbrettfahrer bei Hans im Glück sind. Ein faszinierendes Phänomen: Bei Spielen, deren Ausgang ausschließlich vom Zufall bestimmt wird, können viele Menschen sich selbst und die Umstehenden glauben machen, sie könnten den Verlauf des Spiels beeinflussen.[1] Bei einer Untersuchung gelang es Spielern, die für eine niedrige Zahl langsam würfelten und entsprechend schneller, wenn sie eine höhere Augenzahl brauchten, ihre Konkurrenten zu überzeugen, daß sie damit tatsächlich einen Einfluß auf das Ergebnis hätten. Fügt man nun einem Spiel, bei dem es in Wirklichkeit auf Zufall und Glück ankommt, scheinbar die Elemente der Konkurrenz (»Mal schauen, wer die kleinste Zahl würfeln kann«), der Auswahl (»Ziehen Sie eine beliebige Karte«) und der Strategie (»Ich brauche eine Sechs, um zu gewinnen«) hinzu, dann glauben am Ende auch Menschen, die es eigentlich besser wissen, daß Können und Kontrolle entscheidend sind. Wenn die Zuschauer solche Elemente, die ihre Kontrollüberzeugung verstärken, bemerken, vertrauen sie eher darauf, daß die Spieler beim nächsten Mal ebenfalls die richtige Zahl würfeln werden, und erhöhen ihre Wetteinsätze.[2]

Braucht ein Spieler einen Gewinn besonders dringend, so ist er besonders fest davon überzeugt, daß er die richtige Karte ziehen wird, und glaubt, er sei einfach besser als seine Mitspieler.[3] Unser Wunsch, daß unser Handeln in dieser eher zufallsregierten Situation etwas bewirkt, ist also so stark, daß wir uns sogar einreden, wir könnten das Glück dazu verführen, uns doch einmal ans Steuer zu lassen. Wer auf ein bestimmtes Ergebnis angewiesen ist, möchte unbedingt an die Illusion der Kontrolle glauben. Wie würden wir uns auch in einer Welt fühlen, die unseren sehnlichsten Wünschen völlig gleichgültig gegenübersteht?

Hier wird deutlich, daß das menschliche Gehirn offenbar so gebaut ist, daß es auch in Situationen, in denen wir nicht an den Schalthebeln der Macht sitzen, nach Beweisen für das Gegenteil sucht: Der Glaube an unseren Einfluß auf den Ausgang des Spiels schützt uns gegen die Flut negativer Gefühle – Depression, Angst, Wut und Verzweiflung –, die uns überschwemmen könnte, wenn wir uns unsere wirkliche Hilflosigkeit eingestehen würden. Es besteht also eine starke Verbindung zwischen der Fähigkeit, die Kontrollillusion zu bewahren, und der Fähigkeit, eine positive Stimmung aufrechtzuerhalten.

44

In einer Studie zeigte sich, daß Versuchspersonen, die sicher waren, das zufällige Aufleuchten eines Rechtecks auf einem Bildschirm beeinflussen zu können, bei der nächsten Aufgabe, bei der ihnen unlösbare Anagramme vorgelegt wurden, mit geringerer Wahrscheinlichkeit in eine negative Stimmung gerieten. (Die Anagramme hatten einfallsreiche Wissenschaftler entworfen, um bei den Versuchspersonen Gefühle der Hilflosigkeit und des Versagens hervorzurufen.) Die Probanden der Kontrollgruppe, die sich weniger Kontrolle über das Rechteck zutrauten, ließen sich von ihrem Scheitern bei der nachfolgenden Aufgabe viel schneller entmutigen und wurden daraufhin ängstlich und deprimiert. Die Angehörigen der ersten Gruppe hatten sich insgesamt auch von großen Schwierigkeiten in ihrem Leben weniger leicht entmutigen lassen als die der zweiten Gruppe. Diese waren seltener glücklich und zufrieden, machten sich häufiger Sorgen oder waren deprimiert, obwohl sie weniger realen Streßfaktoren ausgesetzt gewesen waren als die erste Gruppe.[4] Die Kontrollüberzeugung steigert also unsere Fähigkeit, eine stabile positive Stimmung und Lebenseinstellung aufrechtzuerhalten, auch wenn sie illusionär ist.

Nachdem die Wissenschaft jahrzehntelang davon ausgegangen ist, daß es erstrebenswert sei, fest auf dem Boden der Realität zu stehen, würde sie heute eher den Schluß ziehen, daß unsere illusionären Kontrollüberzeugungen notwendige positive Gefühlszustände fördern, auch wenn sie eine Verzerrung der »Wahrheit« darstellen.

Es scheint sogar so zu sein, daß wir unsere Annahmen über die Realität gezielt verändern können, um uns gegen unsere negativen Gefühle zu schützen. In einer Untersuchung wurden Versuchspersonen gefragt, wieviel Angst sie vor bestimmten schlimmen Ereignissen hätten und für wie wahrscheinlich sie es hielten, daß sie ihnen zustoßen würden. Es zeigte sich, daß die Probanden ausgerechnet vor den unwahrscheinlichsten Ereignissen die größte Angst hatten.[5]

Tatsächlich gelingt es auch Menschen mit recht extremen Angstzuständen gut, durch eine illusionäre Kontrollüberzeugung ihre negativen Gefühle zu modulieren. In einer weiteren Untersuchung mußten 20 Patienten, die unter Panikanfällen litten, eine bestimmte Menge kohlendioxidhaltige Luft, die Paniksymptome auslöst, einatmen. Die Hälfte von ihnen glaubte, sie könne die Menge der eingeatmeten Luft steuern, während die andere Hälfte meinte, darauf keinen Einfluß zu haben. Gut 80 Prozent der Probanden ohne Kontrollüberzeugung, aber nur 20 Prozent der Probanden mit Kontrollüberzeugung bekamen Panikanfälle, obwohl beide Gruppen genau die gleiche Menge an Kohlendioxid eingeatmet hatten. Die Überzeugung, daß wir unsere Umwelt beeinflussen, kann sich also in eine sehr reale Kontrolle über unsere negativen Gefühle verwandeln und unseren Optimismusgrad entsprechend erhöhen.[6]

Natürlich lassen sich gegen diese Verbindung zwischen illusionärer Kontrollüberzeugung und Optimismus einige Einwände vorbringen. Zunächst einmal fragen Sie sich vielleicht, ob eine Kontrollüberzeugung nicht reines Wunschdenken ist, das uns daran hindert, Probleme zu erkennen und sie anzugehen. Anders gefragt: Werden wir nicht das, was wir tatsächlich beeinflussen können, einfach vernachlässigen, nur um uns die Illusion zu bewahren, es bestünde keine Gefahr?

Dieser berechtigte Einwand wurde bereits durch entsprechende Untersuchungen widerlegt, allerdings mit einigen wichtigen Ausnahmen. Zum Beispiel gibt es Spieler, deren illusionäre Kontrollüberzeugung sie dazu bringt, immer weiterzuspielen, weil sie sich nicht eingestehen können, die Roulettekugel nicht zu beherrschen. Außerdem betreiben junge Mädchen, die glauben, sie könnten ihre Empfängnisfähigkeit beeinflussen, keine regelmäßige Verhütung. Doch das Gegenteil ist viel besser belegt: Menschen mit einer intakten Kontrollillusion beugen eventuellen Problemen mit größerer Wahrscheinlichkeit vor als diejenigen, denen diese Illusion fehlt.[7]

Und das ist einsichtig, denn natürlich hat eine intakte Kontrollillusion mit der Überzeugung zu tun, daß das eigene Verhalten etwas bewirkt. Wer in diesem (Selbst-)Bewußtsein mit einem Problem konfrontiert wird, glaubt mit größerer Wahrscheinlichkeit auch, daß er es lösen kann. Deshalb haben Pessimisten, die glauben, daß sie vermutlich mit dem Auto verunglücken, mit hoher Wahrscheinlichkeit im Ernstfall keine Sicherheitsgurte angelegt. Ihre große Angst und hochgradige Hoffnungslosigkeit führen dazu, daß sie untätig bleiben, während ihre optimistischeren Zeitgenossen eher etwas unternehmen, eben weil sie glauben, daß ihre vorbeugenden Maßnahmen nicht sinnlos sind.

Und was passiert, mögen Sie weiter fragen, wenn das Schlimmste eintrifft und unsere Kontrollillusion zerstört wird? Schließlich erleben wir immer wieder, daß wir nicht an den Schalthebeln der Macht sitzen. Trifft uns die Realität dann nicht noch härter, als wenn wir von vornherein geleugnet hätten, alles unter Kontrolle zu haben? Die Antwort ist schlicht: Nein.

In einer Studie sagten Brustkrebspatientinnen ohne depressive Vorgeschichte, sie hätten großen Einfluß darauf, ob sie einen Rückfall bekommen. Selbst mit der schlechten Nachricht konfrontiert, daß sich der Krebs wider Erwarten neu ausgebreitet hatte, gaben die Patientinnen ihre Kontrollillusion nicht auf. Sie änderten nur ihre Meinung darüber, *was* sie unter Kontrolle hatten. So verschoben sie in der Folge ihre Kontrollillusion auf die Überzeugung, daß sie Einfluß auf die Art ihrer Behandlung hätten. Ihre Anpassung an die neue Situation wurde denn auch von ihnen selbst, von Psychologen, der Familie und den behandelnden Ärzten äußerst positiv bewertet: Sie litten weniger Schmerzen, lebten länger und waren insgesamt glücklicher als die deprimierten, demoralisierten Krebspatientinnen, die sich keine Kontrolle über ihre Krankheit zubilligten.

Die Kontrollüberzeugung fördert also positive innere Prozesse, die dem Menschen tatsächlichen Einfluß auf sein Befinden geben können. Zum Teil ist die Kontrollillusion nämlich eine sich selbst erfüllende Prophezeiung. Brustkrebspatientinnen mit dieser Illusion sahen ihre Aussichten optimistischer und hatten am Ende wirklich auch mehr Grund zum Optimismus als ihre pessimistischen Leidensgenossinnen.[8]

Eine weitere mögliche Frage zu dem Zusammenhang zwischen Stimmung und Kontrollillusion lautet, welches Phänomen eigentlich welches beeinflußt. Versetzt einen die Kontrollillusion in jene gute Stimmung, die Optimismus erst ermöglicht? Oder ermöglicht die gute Stimmung uns erst die Kontrollillusion? Offenbar ist es so, daß sich die beiden Phänomene gegenseitig verstärken. Versetzt man gesunde Menschen durch traurige Musik oder beängstigende Geschichten in einen traurigen oder ängstlichen Zustand, verlieren sie wirklich zum Teil ihre Fähigkeit, sich eine Kontrollillusion aufzubauen. Hingegen gelingt es deprimierten Menschen, deren Stimmung durch einen lustigen Film vorübergehend gehoben wird, besser, die Illusion der Kontrolle zu bewahren.[9] Die Illusion aufrechtzuerhalten, wir hätten Kontrolle über unsere Außenwelt, ist wichtig für uns, damit wir uns auch das Gefühl der Kontrolle über unsere innere Emotionswelt bewahren, denn dieses Gefühl stützt wiederum die Illusion, die *äußeren* Ereignisse kontrollieren zu können. Nur wer glücklich ist, hat in seinem Alltag häufig das Gefühl, sein Leben unter Kontrolle zu haben.[10]

Doch die Beziehung zwischen Emotionen und Kontrollillusion hat noch eine weitere Dimension: Die realen Erfahrungen mit Kontrolle wirken sich auf unsere Fähigkeit aus, uns positive Illusionen und gute Stimmungen zu bewahren. Doch diese wichtige Tatsache wurde, wie so viele bedeutende wissenschaftliche Erkenntnisse, eher durch Zufall entdeckt.

Eine Forschergruppe hatte Experimente mit Hunden angestellt. Zunächst wurden die Versuchshunde zwei verschiedenen Arten von Reizen ausgesetzt: einem hohen Ton und danach einem kurzen elektrischen Schlag, den man ihnen über den Metallfußboden des Zwingers versetzte. Die Hunde sollten den Ton fürchten lernen, indem sie ihn mit dem schwachen Elektroschock in Verbindung brachten – ein Beispiel für eine klassische Konditionierung nach Pawlow. Im zweiten Teil sollten die Tiere lernen, über eine niedrige Mauer zwischen zwei Zwingerabteilen zu springen, denn im Zwinger auf der anderen Seite waren sie vor den elektrischen Schlägen sicher. Als den großen Schritt betrachtete man den dritten Teil, bei dem untersucht wurde, ob die Hunde schon als Reaktion auf den Ton die Mauer überspringen würden. Die Frage war also, ob sie die beiden Informationen, die sie gelernt hatten – daß nach dem Ton der Elektroschock kam und daß man dem Elektroschock durch den Sprung über das Mäuerchen entkommen konnte –, verknüpfen würden, um zu einer neuen Reaktion zu kommen: Nach dem Ton muß ich springen.

Dazu kam es allerdings nicht: Nachdem man zunächst den ersten Teil des Versuchs (Ton und elektrischer Schlag) mehrfach wiederholt hatte, legten sich die Hunde beim zweiten Teil, als der Käfigboden unter Strom gesetzt wurde, einfach hin und jaulten. Obwohl der rettende Käfigboden so nahe war, versuchten sie nicht einmal zu fliehen. Man konnte deshalb gar nicht untersuchen, ob sie als Reaktion auf den Ton über die Mauer springen würden, weil sie dies nicht einmal auf den elektrischen Schlag hin taten.

Während sich die anderen Forscher über diesen Fehlschlag ärgerten, sah der Psychologe Martin Seligman die Reaktion der Hunde als Zufallsereignis, das es ihm ermöglichte, die Anatomie der Verzweiflung zu studieren.[11] Er überlegte, ob der Schlüssel zur Reaktion der Hunde im ersten Teil des Versuchs lag: Die Verbindung zwischen dem hohen Ton und dem Elektroschock mußte die Hunde gelehrt haben, daß sie hilflos waren.

Was sie auch taten, der Strom ging immer wieder an und aus, und sie konnten nichts daran ändern. Sie hatten begriffen, daß ihre Aktivität nichts bewirkte. Im zweiten Versuchsteil hätten sie dem Elektroschock zwar durch den Sprung über die Mauer entgehen können, doch sie versuchten es gar nicht, weil sie nicht erwarteten, daß ihr Verhalten Folgen haben würde. Angesichts dieser Erkenntnis blieb ihnen nur noch ihr hilfloses, pessimistisches Winseln.

Seligman nannte dieses Phänomen »erlernte Hilflosigkeit« und stellte weitere Untersuchungen an. Er teilte die Hunde in drei Gruppen ein. Die erste Gruppe konnte den Elektroschocks entgehen, wenn sie eine Platte mit der Nase berührte, für die zweite Gruppe gab es keine Ausweichmöglichkeit, und die letzte Gruppe bekam keine elektrischen Schläge. Die Stromschläge bei den Hunden der ersten beiden Gruppen wurden so reguliert, daß ihre Gesamtzeit überwacht werden konnte: Die Tiere der zweiten Gruppe (ohne Einfluß auf die Elektroschocks) blieben nur so lange unter Strom, wie die Tiere der ersten Gruppe benötigten, um dem Elektroschock zu entfliehen. (Die Hunde aus Gruppe 2 konnten also nur hoffen, daß ihre Kollegen in Gruppe 1 sich sputeten!) Diese Versuchsanordnung sollte demonstrieren, daß es nicht nur die Gesamtzeit der Stromschläge war, die zu Hilflosigkeit führte, denn die Hunde in den beiden ersten Gruppen wurden für exakt denselben Zeitraum unter Strom gesetzt. Im nächsten Schritt wurden alle drei Gruppen in dem Zwinger mit dem Mäuerchen getestet.

Die Hunde aus Gruppe 1, die im ersten Durchgang den Elektroschocks entkommen konnten, und die

Hunde aus Gruppe 3, die gar keinen Strom abbekommen hatten, lernten schnell, über die Mauer zu springen. Doch die Tiere aus Gruppe 2, die erfahren hatten, daß es auf ihr Verhalten nicht ankam und daß sie dem elektrischen Schlag ohnehin nicht entrinnen konnten, setzten sich einfach nur hin und warteten, bis er wieder aufhörte. Sie lernten nicht, in den anderen Teil des Zwingers zu springen; wie die Hunde aus der ersten Studie versuchten sie es gar nicht erst. Sie waren zu dem Schluß gekommen, daß sie der Situation hilflos ausgeliefert waren, und verhielten sich entsprechend resigniert. Sie hatten sich ein inneres Bild von ihrer Rolle in der Welt konstruiert, demzufolge jegliche ihrer Aktivitäten ohne Folgen blieb. Entsprechend rapide sank ihre positive Erwartung hinsichtlich ihrer Fähigkeit, etwas zu bewirken. Dieses Gefühl des Kontrollverlusts hielt überdies an, als sich die reale Situation bereits geändert hatte und sie ihre Lage sehr wohl hätten verbessern können.

Hunde mit früheren Erfahrungen einer Welt, auf die sie keinen Einfluß hatten, handelten nach dieser negativen Perspektive auch später noch, obwohl sich die Bedingungen inzwischen geändert hatten. Welpen, die dagegen systematisch daran gewöhnt worden waren, daß ihr Verhalten Einfluß auf ihre Umwelt hatte, hielten an ihrer illusionären Kontrollüberzeugung auch in Situationen fest, in denen sie de facto hilflos waren. Wichtig ist also die Wahrnehmung der Kontrollfähigkeit, nicht die Kontrollfähigkeit selbst. Zu erfahren, daß das eigene Verhalten Auswirkungen beziehungsweise keine Auswirkungen hat, und die Konsequenzen aus diesen Erfahrungen – selbst wenn sie, gemessen an der aktuellen Realität, eine Illusion sind – sind ein stabiles Phänomen. Es ist so stabil, daß sogar die primitive Küchenschabe mit ihrem winzigen Insektenhirn zu erlernter Hilflosigkeit fähig ist.[12]

Desgleichen ist beim Menschen die Verbindung zwischen Kontrollverlust und negativer Emotion sehr eng. Wenn ein Forscher erlernte Hilflosigkeit erzeugt, indem er seinen Probanden die Kontrolle über laute Geräusche nimmt, werden sie ausnahmslos ängstlich, depressiv und wütend. Dazu kommt ein erhöhter Ausstoß von Streßhormonen wie Kortisol und Adrenalin, die neben der Stimmung auch noch das Immunsystem in Mitleidenschaft ziehen. Noch stärker sind die körperlichen Auswirkungen bei Menschen, die schon früh depressiv waren, also wahrscheinlich besonders anfällig für Kontrollverlustgefühle sind. Es scheint, als wäre ihr Körper von den frühen Erfahrungen quasi darauf geeicht, besonders stark auf Situationen zu reagieren, in denen sie ihrer Umwelt hilflos ausgeliefert sind.[13]

Die Gleichung »Kontrolle der Außenwelt = Kontrolle der inneren Gefühlswelt« betrifft nicht nur die Verbindung zwischen Kontrollverlust und Depression. Ebenso wie die Einflußmöglichkeit auf ein negatives Ereignis dessen Wirkung abmildert, entscheidet auch unser Einfluß oder eben der Mangel an Einfluß auf ein positives Ereignis darüber, wie gut es uns gefällt. In einer anderen Untersuchung versah man zwei Monate alte Babys mit Schnüren an den Armen. Bei den Kindern der ersten Gruppe spielten ein paar Takte Musik, wenn sie die Arme bewegten. Bei der anderen Gruppe passierte hingegen nichts, wenn die Babys ihre Arme bewegten, doch die Musik wurde willkürlich an- und wieder abgestellt. Die Babys der ersten Gruppe lächelten mehr, waren viel interessierter und aufmerksamer als die aus der zweiten Gruppe, die sich langweilten und kaum auf die Musik reagierten.[14]

Offenbar freuen wir uns also schon von frühester Kindheit an darüber, daß unser Verhalten etwas bewirkt. Und wenn wir das Gefühl haben, über unsere Umwelt bestimmen zu können, haben wir mehr Freude an dem, was passiert, als wenn es ohne unser Zutun passiert. Schon den kleinen Babys gefällt ihre Rolle als »Drahtzieher«, und sie sehen gern die Puppen tanzen.

Niemand hat es gern, wenn die Ereignisse, ob gut oder schlecht, seiner Kontrolle entzogen sind. Es ist schlimm, Elektroschocks nicht verhindern zu können, aber auch angenehme Erlebnisse wie Musik werden uns verleidet, wenn wir keinen Einfluß darauf haben.

Die Sache hat ein gutes Ende: Was Hänschen nicht gelernt hat, kann Hans am Ende doch noch lernen – auch wenn er deprimiert und demoralisiert ist. Seligman brachte seinen hilflosen Hunden nämlich am Ende seiner Versuche doch noch etwas bei. Immer wieder zog er die winselnden Welpen über das Mäuerchen auf den ungefährlichen Käfigboden, bis sie es endlich begriffen hatten. Wie müssen sie sich gefreut haben, als sie plötzlich bemerkten, daß sie dem Elektroschock durch einen Sprung über die Mauer entkommen konnten! Sie merkten, daß sie die Situation in gewissen Grenzen kontrollieren konnten, daß ihr Verhalten also nicht folgenlos blieb. Als sie das gelernt hatten, verschwand ihr depressives, passives Verhalten auf einen Schlag, und sie sprangen auf den Ton hin mit einem Satz über die Mauer. Die pessimistischen »Underdogs«, die nur winselnd auf dem Boden gelegen waren, wurden plötzlich zu optimistischen »Superdogs«, die den Schmerz an den Pfoten mit einem einzigen Sprung loswerden konnten.

Uns Menschen geht es ebenso: Wenn wir das Bewußtsein wiedergewinnen, daß unser Verhalten etwas bewirkt, bessert sich schlagartig unsere Laune, und damit rückt die optimistischere Einstellung näher, die durch positive Gestimmtheit und unser Gefühl der Autonomie und Selbstregulierung möglich wird. Diese positiveren emotionalen Zustände verstärken dann wieder unser Gefühl, an den Schalthebeln der Macht zu sitzen.

Für mich ist, wie schon gesagt, ein sicherer Ausweg aus einer depressiven oder wütenden oder ängstlichen Stimmung und den damit verbundenen pessimistischen Grübeleien ein Ausflug mit dem Auto. Dabei fühle ich mich stark, scheine das Leben unter Kontrolle zu haben, ich bewirke etwas und finde ganz allein meinen Weg; die Kontrollillusion, die durch das Autofahren verstärkt wird, stützt wieder mein Vertrauen darauf, daß ich meine inneren Gefühlszustände autonom regulieren kann.

Und offenbar bin ich nicht die einzige, für die das Autofahren eine solche Bedeutung hat: Eine Untersuchung über illusionäre Kontrollüberzeugungen ergab, daß sich fast jeder Mensch als überdurchschnittlicher Autofahrer einschätzt und einen eigenen Unfall für weniger wahrscheinlich hält als bei anderen. Da es aber nicht sein kann, daß wir alle zur ›besseren Hälfte‹ der Bevölkerung gehören, muß der Hebel der Gangschaltung wohl an die Schalthebel der Macht erinnern, die die Kontrollillusion und den damit verbundenen Optimismus verstärken. Dies wußte auch Jean Cocteau, als er sagte, daß das Auto Organe massiere, an die kein Masseur herankomme. Autofahren war für ihn das Allheilmittel gegen Störungen des sympathischen Nervensystems – desselben Nervensystems, das völlig außer Kontrolle geriet in dem oben beschriebenen Experiment, bei dem die Probanden auf laute Geräusche, die sie nicht kontrollieren zu können glaubten, mit einem erhöhten Kortisol- und Adrenalinspiegel reagierten.

Irgendwie bekomme ich hinter dem Steuer meines Autos fast immer gute Laune, singe laut und fahre – zugegeben – immer schneller. Beim Autofahren traue ich mir ohne weiteres zu, mit allem fertig zu werden, was das Leben mir in den Weg legt – und mein Benzintank ist natürlich nicht halb leer, sondern halb voll.

Und was passiert in schlechteren Zeiten, wenn mir das Gefühl der Kontrolle über die äußeren Ereignisse fehlt und ich deshalb auch meine inneren Zustände nicht regulieren kann? Ich gebe mich einem deprimierenden Realismus hin und schleppe die Affen der Angst, der Depression und der Wut mit mir herum. Doch mit den Jahren gelingt es mir immer besser, sie abzuschütteln und statt dessen Illusionen heraufzubeschwören, die mich optimistisch machen. Zum Glück kann jeder mit ein wenig Übung diese Fähigkeit zur selbständigen Regulierung der Gefühlswelt erweitern, denn das Gefühl der Autonomie, das uns erfüllt, wenn wir ›obenauf‹ sind, uns die Ziele selbst aussuchen und ohne Schwierigkeiten den Weg dorthin finden, hat jeder von uns verdient.

Wie wir gesehen haben, ist dieses Gefühl der Autonomie zum Teil illusorisch – aber es macht letztlich den entscheidenden Unterschied. Die illusionäre Kontrollüberzeugung samt der verbesserten Fähigkeit zur Stimmungsmodulation, die sie mit sich bringt, läßt uns von Tag zu Tag optimistischer in die Zukunft schauen – und erst dann können wir es richtig genießen, wenn uns der Wind des »Abenteuers Leben« um die Nase weht.

VIERTES KAPITEL

Limbische Lektionen

Die im letzten Kapitel vorgestellten Forschungsergebnisse verweisen darauf, daß die Fähigkeit, sich illusionäre Kontrollüberzeugungen, positive Emotionen und Optimismus zu bewahren, aus frühkindlichen Erfahrungen erwächst, die die *reale* Fähigkeit zur Kontrolle der Umwelt gefördert haben. Das galt zumindest für die Hunde. Und wie ist es bei uns Menschen? Was geschieht in unserer Kindheit, das uns entweder an die Schalthebel der Macht bringt oder dazu führt, daß wir uns wie bloße Passagiere in einer Achterbahn der Gefühle vorkommen? In diesem Kapitel wollen wir der Frage nachgehen, welche frühkindlichen Erfahrungen unsere spätere Fähigkeit zur Stimmungsmodulation und zum Optimismus beeinflussen.

Wer einmal miterlebt hat, wie ein Baby unvermittelt in heftiges tränenreiches Geschrei ausbricht, kann sich leicht vorstellen, daß die inneren Gorillas, mit denen wir vom ersten Atemzug an konfrontiert sind, riesige, bedrohliche Monster sein müssen – egal, ob der Hunger, eine schmutzige Windel oder die Angst vor der Trennung von einer nahestehenden Person sie angelockt haben. Die Fähigkeit, Gefühlszustände zu modulieren, ist bei kleinen Kindern kaum ausgeprägt. Eigentlich sind sie völlig hilflos – weder die Welt um sie herum noch den Sturm in ihrem Inneren haben sie unter Kontrolle. Ihren Trost beziehen sie von den Eltern oder anderen wichtigen Bezugspersonen; nur sie können ihnen helfen, emotional schwierige Situationen durchzustehen, und ihnen behutsam dabei helfen, die Situation selbst zu steuern. Einfach gesagt, lernen wir die Tricks, mit denen wir unsere Freude vermehren oder unsere Wut dämpfen, von unseren Eltern oder anderen wichtigen Bezugspersonen: »Die Bezugsperson ist beim Kleinkind buchstäblich der äußere Regulator der Struktur und Neurochemie des sich entwickelnden Gehirns.«[1]

Mit anderen Worten: Je nach den Lektionen, die unsere frühkindlichen Erfahrungen mit unseren ersten Bezugspersonen im limbischen System – jenem Teil unseres Gehirns, der für unsere emotionalen Reaktionen zuständig ist – hinterlassen, entwickelt sich der optimistische beziehungsweise pessimistische Regelkreis und prägt sich schließlich in die Gehirnnerven ein. Diese Lektionen lehren uns die »Techniken«, mit denen wir für den Rest unseres Lebens unsere Gefühle modulieren werden. Um zu begreifen, wie Optimismus und Pessimismus entstehen, müssen wir also herausfinden, was bei diesem Prozeß unter idealen Bedingungen beziehungsweise schlimmstenfalls passiert. Bei den meisten Studien, die ich beschreiben werde, waren die Versuchspersonen Mütter, obwohl wahrscheinlich jede andere wichtige Bezugsperson in Frage gekommen wäre. Fortan spreche ich also meistens von Müttern, doch sind Eltern, Väter oder Bezugspersonen im Zweifelsfall mitgemeint.

Das kurzfristige Modulieren des kindlichen Gemütszustands und gleichzeitig das allmähliche Übertragen dieser Fähigkeit auf das Kind ist, in einem sehr konkreten Sinn, die zentrale Aufgabe der Kindererziehung.

Die wichtigste Rolle in diesem Prozeß spielt ein wenig beeindruckend wirkendes Stück Gehirn, das aussieht wie eine kleine Mandel. »Mandelkern« (lat. »Amygdala«) heißt denn auch dieser Gehirnbereich, der für Angst- und Wutanfälle verantwortlich ist. Er gehört jener Gehirnregion an, mit der unsere Emotionen am engsten in Verbindung stehen: dem limbischen System. Intensive Emotionen entstehen, wenn dem limbischen System »explodiert«, wenn die Nervenzellen, aus denen es besteht, aktiviert werden. Wenn unser Gehirn also optimistischer reagieren soll, müssen wir die beiden kleinen Mandelkerne (je eine in jeder der beiden Gehirnhälften oder »Hemisphären«) und den Rest des limbischen Systems wie den Gyrus cinguli, in den sie eingebettet sind, beeinflussen.

Das limbische System liegt so zentral, daß es auf Körper und Gehirn gleichermaßen wirken kann. Es übermittelt seine Informationen an die Muskeln und die inneren Organe sowohl direkt über die Nervenbahnen als auch indirekt über hormonelle Botschaften – dies geschieht über das Stimulieren des Hypothalamus, eines Zentrums im Gehirn, das die Freisetzung von chemischen Stoffen ins Blut veranlaßt, die wiederum das Hormonsystem regulieren. Diese Reaktionen des Körpers auf einen bestimmten Gemütszustand werden dann wieder als Informationen an den Rest des Gehirns zurückgemeldet. Angst führt zum Beispiel zur Anspannung der Muskeln, diese Anspannung wird ins Gehirn zurückgemeldet und verstärkt dort höchstwahrscheinlich das Gefühl der Angst.

Überdies »spricht« das limbische System mit den Bereichen des unter ihm liegenden Hirnstamms, in denen jene Ansammlungen von Nervenzellen liegen, die wiederum Dopamin, Noradrenalin und Serotonin abgeben. Diese sogenannten Neurotransmitter wirken stark abwandelnd (»modulierend«) auf die Art und Weise, wie der Rest des Gehirns – vor allem die Großhirnrinde (der »Kortex«) – arbeitet. Letztlich bestimmen sie, welche »Großwetterlage« der Neuronenaktivität, der Voraussetzung für unsere Gedankenprozesse, zugrunde liegt.

Das limbische System ist also ein zentraler, sehr wirkungsvoller Regelkreis, der einerseits die mit unseren Emotionen zusammenhängenden Körperreaktionen – etwa das Herzklopfen bei Angstzuständen – mit auslöst und andererseits unter dem Einfluß einer bestimmten Emotion das chemische Klima der übrigen Gehirnbereiche beeinflußt.

Der Mandelkern kann sich allerdings als harte Nuß erweisen. Er steht als eine Art Wachtposten zwischen dem Strom an Informationen über die Ereignisse innerhalb und außerhalb des Körpers, die vom Körper und den unteren Gehirnregionen nach oben fließen, und dem ständigen »Gebrabbel« des darüber liegenden Kortex. Die unteren Gehirnregionen senden die eintreffenden Sinnesinformationen sozusagen zur Begutachtung am limbischen System vorbei, damit dieses daraus emotional relevante Hinweise herausfiltern kann. Der Kortex ist wiederum auf den emotional relevanten Input des Mandelkerns angewiesen, weil er sonst nur kalt, hart und rational »brabbeln« könnte.[2]

Unsere Großhirnrinde – deren starke Zerfurchung unser Gehirn mehr als zweieinhalbmal so groß macht wie das der Schimpansen – elaboriert und verfeinert die

Gefühlsinfos des limbischen Systems, so daß zum Beispiel aus limbisch bestimmter Lust die kompliziertere, kortikal bestimmte Liebe wird. Weil der Kortex aus sechs Schichten mit vielen potentiellen Querverbindungen besteht, verarbeitet er Informationen auf so raffiniert-komplizierte Weise, daß wir uns sogar über unsere eigenen Gedanken und Gefühle »Gedanken machen« können – daher unser Bewußtsein und unsere Fähigkeit zur Selbstreflexion. Zwar bezieht sich die Bezeichnung unserer Spezies, »Homo sapiens«, auf unsere kortikale Fähigkeit zur Sapientia (lat. »Weisheit«), doch über Optimismus und Pessimismus entscheidet vor allem das limbische System.

Voraussetzung für limbisches Lernen sind, wie bei jedem Lernvorgang, zunächst einmal Ruhe und Entspannung. Deshalb besteht die erste Aufgabe der Mutter als »Gehirntrainerin« im wesentlichen darin, ihr Kind zu beruhigen und in einen Zustand zu versetzen, in dem es für die dann folgenden »Lektionen« aufnahmefähig ist. Also wiegt sie das Kind, streichelt und hätschelt es und spricht mit ihm; aber auch das Füttern mit Flasche oder Brust, Baden und Wickeln tragen dazu bei, daß sich das Baby körperlich und seelisch wohl fühlt. Diese Handlungen speisen besänftigende Wahrnehmungen von innen und außen in den Strom der Informationen ein, der vom limbischen System, vor allem der Amygdala, laufend ausgewertet wird. Das »Bad« in diesem Strom der positiven Eindrücke lullt das limbische System mit der Zeit ein und versetzt es in einen Zustand der Ruhe, der beim Kind ein Gefühl zufriedener Aufmerksamkeit auslöst. Auch wenn es seine Emotionen noch nicht selbst kontrollieren kann: Wenn die Mutter auf seine Bedürfnisse eingeht, lernt es, daß es möglich ist, den Sturm unangenehmer Empfindungen in seinem Inneren zu besänftigen.

Ist das Kind also in den Zustand zufriedener Aufmerksamkeit versetzt, können die limbischen Lektionen beginnen: Die Mutter versucht, die Fähigkeit des Kleinen, angenehme Gefühle auszuhalten, zu verbessern. Dabei geht es darum, die Gefühlsintensität zu erhöhen. Positive Gefühle lassen sich auf viele verschiedene Arten auslösen und verstärken, aber am verläßlichsten und intensivsten funktioniert es, wenn das Kind der Mutter tief in die Augen schaut, fast wie ein Liebhaber, so daß die Spirale der Freude und wechselseitigen Zuneigung, die das zufriedene Gefühl tiefer Verbundenheit auslöst, in Gang gesetzt wird.[3]

Die Mutter spürt den Gemütszustand des Kindes, begegnet ihm und »schubst« ihn mit ihrer ein klein wenig positiveren Reaktion auf eine ein klein wenig höhere, glücklichere Ebene. Ihr unbewußtes Ziel ist es, das Kleine bis an die Grenze der Gefühlsintensität zu bringen, die es gerade noch ertragen kann. Wer jemals das ansteckende, sich gegenseitig verstärkende Lächeln zwischen Eltern und Kind beobachtet hat, bei dem am Ende beide lachen, kennt diese positive Spirale.

Potentiell sind die allerersten Anfänge der Fähigkeit zur Kontrolle – über die inneren Reaktionen ebenso wie über die zwischenmenschlichen Erfahrungen mit der Mama – schon von frühester Kindheit an vorhanden. Das Baby kann die intensive innere Erfahrung des Augenkontakts mit der Mutter abschwächen, indem es sich abwendet und dadurch den Ansturm der Wahrnehmungen unterbricht und die mächtige Welle positiver

Gefühle abbremst. Wegschauen ist eine der ersten Methoden der Selbstmodulation, die das Baby entwickelt. Sie begrenzt die durch das mütterliche Lächeln auf das Kind einstürmenden Sinneseindrücke (die, obwohl positiv, es leicht überwältigen können) mit sofortiger Wirkung und ermöglicht dem zunehmend stimulierten limbischen System dadurch eine kleine Atempause. Man hat festgestellt, daß das Herz des Babys fünf Sekunden, bevor es wegschaut, schneller schlägt – ein Hinweis darauf, daß es einer physiologischen Überstimulierung ausgesetzt ist, die es, würde sie andauern, nach kurzer Zeit in einen unangenehmen Zustand der Verwirrung stürzen würde – es wäre des Guten einfach zuviel. Und auch die Mutter kann die Intensität, mit der sie ihr Kind anregt, durch Wegschauen kontrollieren. So verhindert sie, daß die Spirale der Stimulation eskaliert, bei der ihr Baby überwältigenden und verwirrenden Reizen ausgesetzt wäre. Durch Verlängern der Stimulationszeiten kann sie das Kleine mit der Zeit schrittweise dazu bringen, jedesmal ein klein wenig mehr an positiven Gefühlen zu ertragen.[4]

Das Modulieren kindlicher Emotionen ist allerdings keine leichte Aufgabe, weil die Gemütszustände des Babys noch unstabil sind und es oft ohne Vorwarnung in eine völlig andere Stimmung rutscht. Hat es eben noch wütend geschrien, kann es im nächsten Moment schon wieder eingeschlafen sein. Auch seine Hochstimmung kann völlig unerwartet in Überreizung umschlagen. Es scheint fast so, als würden wir mit so geringer Kontrolle über unser Innenleben geboren, daß unsere Mütter »auf uns spielen« können wie auf einem Instrument. In der frühen Kindheit sind wir deshalb sehr formbar, und die Art der frühen Interaktionen bestimmt, wie sich unser Gefühlsspektrum entwickeln wird.

Mit der Zeit und zunehmender Übung kann das Baby allmählich immer intensivere positive Gefühle wie Glück und Hochstimmung tolerieren, während die Mutter die äußeren Grenzen dessen, was das Kind noch als angenehm empfindet, nach und nach erweitert. Diese zunehmende Intensivierung der kindlichen Gefühle hat man mit Veränderungen im orbito-frontalen Kortex der rechten Gehirnhemisphäre in Verbindung gebracht. Dieser Bereich des Gehirns entwickelt sich im ersten Lebensjahr, indem vom unteren Teil des limbischen Systems Nervenzellen (Neurone) nach oben wachsen und im Gegenzug die Großhirnrinde Neurone in das limbische System entsendet. Während also die wechselseitige positive Verstärkung zwischen der Mutter und dem Baby stattfindet, entwickelt sich zwischen dem Kortex und dem limbischen System eine Art neuronale Schleife, mit deren Hilfe das Baby seine positiven Gefühle kontrollieren und beeinflussen lernt. In seinen Nervenbahnen »verkehrt« der Neurotransmitter Dopamin, von dem man weiß, daß er im späteren Leben für Verhalten wichtig ist, das auf Freude und Belohnung abzielt. In der Tat scheinen auch Menschen, die eine der vielen dopaminstimulierenden Drogen nehmen, dieselben angenehmen Gefühle der Hochstimmung, der Gelassenheit und des Wohlbefindens zu suchen, wie sie durch die frühkindlichen Begegnungen hervorgerufen werden. Die erhöhte Stimulation durch Dopamine in dieser ersten kortikolimbischen Nervenbahn, die sich durch Interaktionen wie die langen, intensiven Blickwechsel mit der Mutter entwickelt, bewirkt jene Aufmerksamkeit und freudige Erregung, die man bei Kindern in den ersten Lebensmonaten so häufig sieht.[5]

Die Entwicklung dieser ersten kortiko-limbischen Optimismusschleife im ersten Lebensjahr fällt in eine Zeit, in der rund 90 Prozent aller Interaktionen zwischen Bezugsperson und Kind in Situationen der Zuwendung oder des Spiels stattfinden, Situationen also, in denen die Bezugsperson positive Gemütsbewegungen mitteilt und verstärkt.[6] Sobald der Schaltkreis entwickelt ist, kann das Kind positive Affekte wie Hochstimmung erfahren und lernen, sie selbst zu regulieren.

Was aber passiert nun im rechten orbito-frontalen Kortex, das es diesem Gehirnbereich erlaubt, das limbische System zu steuern? Man nimmt an, daß seine Aufgabe darin besteht, Informationen darüber zu speichern, wie bestimmte Repräsentanzen (geistige Bilder) von uns selbst und anderen Menschen mit bestimmten Gefühlszuständen verknüpft sind. Mit anderen Worten: Der orbito-frontale Kortex, der ja über die Nervenzellen mit dem limbischen System verbunden ist, stellt die zentrale Verknüpfung her zwischen dem Porträt vom Baby im glücklichen Zustand und dem der Mutter in einem positiven oder bestärkenden Zustand – innerpsychische Porträts, die mit der Zeit durch die vielen positiven Interaktionen entstehen.

Psychoanalytisch gesprochen speichern und kodieren wir zwischenmenschliche Beziehungen im Gehirn, indem wir sie sozusagen in handhabbaren Portionen Stück für Stück internalisieren. Jede dieser Portionen besteht aus einem Bild von uns, einem Bild der anderen Person und dem dominierenden Gefühl oder emotionalen Klima, in dem der Kontakt zwischen beiden stattfand. Anders gesagt, frühkindliche Interaktionen mit Bezugspersonen werden in Form von Repräsentanzen des Selbst und seiner emotionalen Kontakte mit diesen anderen Personen gespeichert, und diese Repräsentanzen sind kognitiv-emotionale Einheiten aus einer Selbst-Repräsentanz, einer Repräsentanz des anderen und einem beide verbindenden, vermittelnden Gefühl. Damit wird also eine natürliche emotionale Energie, eine Gefühlsladung sozusagen, in die innere Repräsentanz unserer Beziehungen von Anfang an eingespeichert. Und die sich im ersten Lebensjahr ständig wiederholende Erfahrung, ein fröhliches Baby mit einer freudigen, liebenden Mutter zu sein, vermittelt uns mit der Zeit ein Bild von uns selbst und den positiven Emotionen, die unsere Interaktionen bestimmen.

Sind diese Porträts erst einmal in unserer kortikolimbischen Nervenschleife kodiert, so können wir später durch Aktivieren dieser positiven Repräsentanz die mit den angenehmen frühkindlichen Erfahrungen verbundenen Gefühle wachrufen. Wenn wir also das Bild »glückliches Kind mit glücklicher Mutter« in uns aktivieren, steigt das Gefühl des Glücks und der Hochstimmung, das wir zusammen mit dem Bild gespeichert haben, wieder in uns auf. Durch das Absorbieren und Verschmelzen positiver Erfahrungen aus der Außenwelt bilden sich letztlich unsere Steuermechanismen in der Großhirnrinde, mit denen wir das limbische System in einen glücklicheren, erfreulicheren Zustand überführen können.

Diese Entwicklung im ersten Lebensjahr vollzieht sich in einer aufsteigenden Wachstumsspirale, die selbst für weiteres Wachstum sorgt. So regt zum Beispiel der Botenstoff Dopamin den orbito-frontalen Kortex dazu an, neue Verknüpfungen mit dem limbischen System herzustellen, das im Gegenzug eine günstige neurochemische Umgebung schafft, in der sich die inneren Repräsentanzen des Kleinkindes von sich selbst und von Bezugspersonen vermehrt bilden können. Mit dieser Hilfe kann sich das Kind wiederum in einen angenehmen Gefühlszustand versetzen und lernen, wie man dessen Intensität selbst reguliert. Unsere inneren Bilder von anderen Menschen und auch von uns selbst sind also wesentliche Regelmechanismen (oder eben Störfaktoren) für den Umgang mit unseren Emotionen.

Die Tatsache, daß wir unsere Gefühlszustände im Zusammenhang mit den frühkindlichen zwischenmenschlichen Erfahrungen modulieren lernen, hat zur Folge, daß unsere wichtigsten Emotionen meist untrennbar mit bestimmten Menschen verknüpft sind. Mit anderen Worten, Gefühlszustände wie Glück, Trauer oder Wut aktivieren in der Regel das entsprechende innere Bild von uns selbst in der Beziehung zu einer anderen Person aus der früheren Erfahrung dieses Gefühlszustandes. Daher sind unsere Gefühle stets verfangen in der sich ständig wandelnden Vorstellung von uns selbst, dem Gegenüber und der Beziehung zwischen beiden. Die Porträts dieser emotionalen Beziehungen werden in der Großhirnrinde gespeichert und abgerufen, wann immer wir einen Gefühlszustand regulieren müssen. Je positiver diese internalisierten Bilder sind, um so positiver sind unsere inneren Vorstellungen, auf die wir in schweren Zeiten zurückgreifen können. Je haltbarer also unsere kortikalen »Zügel« sind und je fester wir sie im Griff haben, um so wirkungsvoller werden auch unsere Versuche sein, unsere Gefühlsmonster zu zähmen.

An dieser Stelle sei davor gewarnt, diese verinnerlichten Bilder mit konkreten Erinnerungen an unseren frühkindlichen Alltag zu verwechseln. Der Erwachsene erinnert sich nicht an damals, als Mami merkte, daß er Hunger hatte, und ihm etwas zu essen gab. Der Gehirnbereich, in dem Erinnerungen an konkrete Ereignisse kodiert werden – das »explizite Gedächtnis« – ist nämlich vor dem Alter von 18 bis 24 Monaten noch gar nicht »online«. (Daher können wir uns auch nicht an Ereignisse aus der allerersten Zeit erinnern; die Erinnerungen der meisten Menschen reichen höchstens bis ins zweite Lebensjahr.) Dagegen ist die Gehirnregion, mit der wir später Fertigkeiten wie Fahrradfahren oder Tennisspielen erlernen werden, schon von Geburt an funktionsfähig. Und darin ist der *Prozeß* unserer frühkindlichen Interaktion mit der Mutter kodiert. Mit Hilfe dieses anderen Gedächtnistyps – dem »impliziten Gedächtnis« – lernen wir das Zusammensein mit anderen Menschen.[7]

Daniel Stern bezeichnete die wichtigen ersten Interaktionen zwischen Mutter und Kind, die einen Prozeß oder eine Art des Umgangs mit einer anderen Person verkörpern, als »Vitalitätsaffekte«. Wir neigen zwar dazu, uns verschiedene Gefühle ähnlich wie verschiedene Eiskremsorten vorzustellen (als schmeckte Glück nach Schokoladeneis oder Ärger nach Zitronensorbet), aber Sterns Vitalitätsaffekte sind Gefühlszustände, die sich nicht durch ihren Geschmack, sondern durch ihren

Rhythmus unterscheiden. Ein Beispiel wäre ein plötzlicher Ausbruch, ein Crescendo an Intensität: ein Pferd, das plötzlich losgaloppiert, der Ausbruch des Glücksgefühls, wenn sich Mutter und Baby nach längerer Trennung wiedersehen, oder die plötzliche Angst, die uns übermannt, wenn wir in der Achterbahn auf dem höchsten Punkt vor dem Hinunterstürzen ankommen.

Vitalitätsaffekte vermitteln zwar eine Vorstellung von der Form oder Intensität einer Erfahrung, sagen aber wenig über den »Geschmack«, den Inhalt, der Emotionen aus, der mit der Erfahrung verbunden ist. Jemand, der plötzlich losrennt, und ein anderer, der plötzlich ins Zimmer gestürzt kommt, gleichen sich in der Plötzlichkeit ihrer Bewegungen, in ihrer emotionalen Verfassung aber können sie sich stark unterscheiden. Ein plötzlicher Ausbruch oder ein Losstürmen betrifft die Art, *wie* jemand etwas tut.

Stern geht nun davon aus, daß ein Kleinkind seine Eltern beobachtet und dadurch die wichtigsten Vitalitätsaffekte mitbekommt, mit denen seine primären Bezugspersonen ihren Alltag und auch ihre Interaktionen mit ihm gestalten. Was das Baby wirklich interessiert, ist also die Art, *wie* Sie Ihren Hut tragen, die Art, *wie* Sie an Ihrem Tee nippen, die Art, *wie* Sie die Eiskrem essen, und nicht die Sorte oder der Geschmack der Eiskrem.[8]

Und wirklich gründet ein großer Teil der Interaktionen vor dem Spracherwerb auf den von Mutter und Kind gemeinsam erlebten Vitalitätsaffekten. Das Vermögen einer Mutter, im ersten Lebensjahr ihres Kindes zur Entwicklung der »Optimismusschleife« beizutragen, hängt von ihrer Einfühlung ab, ihrer Fähigkeit, sich in den Interaktionsrhythmus des Babys »einzuklinken« und mit ihm mitzuschwingen. Und so zeigen Mütter oft dadurch eine geglückte »Affektabstimmung«, daß sie den gerade vorherrschenden Vitalitätsaffekt ihres Kindes auf einer anderen Sinnesebene imitieren. Wenn ein Kind zum Beispiel auf ein plötzlich aus der Kiste schnellendes Kasperle mit aufgeregten Armbewegungen reagiert, erfaßt die einfühlsame, kommunikative Mutter seine momentane Stimmung – aufgeregte Überraschung – sofort und spiegelt sie, indem sie im Rhythmus seiner Armbewegungen die Augenbrauen hebt und senkt und im selben Rhythmus aufgeregte Geräusche macht. Daraus entnimmt das Kind, daß die Mutter Art und Ausmaß seiner Erfahrung wirklich versteht und mit ihm teilen möchte.

Dieses Spiegeln des kindlichen Gefühlszustandes in einer anderen Sinnesmodalität – in einem anderen Wahrnehmungsbereich – ist wichtig, weil es die Prozeßhaftigkeit und den Rhythmus der Erfahrung betont und dem Kind vermittelt, daß Mama seine Aufregung nicht einfach nur nachmacht. Wir wissen heute, daß Kinder diese Art des Spiegelverhaltens verstehen, weil sie die angeborene, »verdrahtete« Fähigkeit zum Synchronisieren unterschiedlicher Sinnesmodalitäten besitzen. Diese Fähigkeit nennt man »kreuzmodale Wahrnehmung«.

Sie zeigte sich zum Beispiel in einer Untersuchung, in der ein Baby, das an einem genoppten Schnuller genuckelt hatte, diesen später, als man ihm einen glatten und einen genoppten Sauger zeigte, wiedererkannte und dem anderen vorzog. Und wenn man einem Kind auf zwei Monitoren nebeneinander zwei Filme ohne

Ton zeigt, schaut es den Film an, der mit einem nach einer Weile zugespielten Ton synchron läuft. Daraus läßt sich schließen, daß Kinder schon vom ersten Tag erkennen können, daß sich in zwei Sinneswahrnehmungen verschiedener Modalität das gleiche Muster zeigt.

Vitalitätsaffekte sind in frühkindlichen Interaktionen mit anderen Menschen allgegenwärtig. In einer Untersuchung filmten Stern und seine Kollegen Mütter beim Spiel mit ihren Kindern. Sie fanden heraus, daß die Kleinen durchschnittlich einmal pro Minute einen Vitalitätsaffekt erkennen ließen. Und ungefähr in der Hälfte der Fälle reagierten die Mütter darauf mit einer affektabstimmenden Verhaltensweise; das heißt, die Mutter spiegelte dem Kind etwa alle zwei Minuten, daß sie sein Verhalten und seine Stimmung verstand. Und als Stern den Müttern die Filme vorspielte und sie fragte, warum sie so reagiert hatten, sagten sie meist, sie hätten versucht, »die Erfahrung des Kindes zu teilen«.

Stern schreibt, daß diese frühen Interaktionen dem Kind erkennen helfen, daß innere Gefühlszustände ein wichtiger Teil der menschlichen Erfahrung sind: »Hiermit geht es also um nichts weniger als die Form und das Ausmaß unserer mitteilbaren Innenwelt.« Die frühen Erfahrungen der Einfühlung bereiten wahrscheinlich den Boden für die im späteren Leben so wichtige Empathie und lehren uns, daß auch andere Menschen eine innere Welt der emotionalen Erfahrung haben, in der wir ihnen begegnen können.

Forschungen haben ergeben, daß eine Mutter diese Affektabstimmung beherrschen muß, um die kindliche Fähigkeit, verschiedene Gefühlszustände zu tolerieren, nach und nach erweitern zu können, so daß der neu-

ronale Optimismus-Schaltkreis sich optimal entwik-
kelt. Die Psychologin Beatrice Beebe hat mit Kollegen diesen »Gefühls-Tango« von Müttern und Kindern untersucht, indem sie Videoaufnahmen der
Mimik vier Monate alter Babys und ihrer Mütter ana-
lysierte.

Am Anfang gesellt sich die Mutter zu dem Kleinen
und betrachtet es etwa mit demselben neutralen Gesicht (also weder stirnrunzelnd noch lächelnd), mit dem
es sie anschaut. Dann beginnt vielleicht die Mutter zu
lächeln, ermuntert ihr Kind damit sozusagen zu einem
spannenden Abenteuer, oder das Kind beginnt selbst
mit einem immer breiter werdenden Lächeln, von dem
sie sich anstecken läßt, bis es am Ende in das fröhliche,
ausgelassene Lachen übergeht, bei dem uns das Herz
aufgeht. Die Einfühlung der Mutter sorgt dafür, daß die
beiden auf der Skala der positiven oder negativen Emotionen gemeinsam nach oben oder unten gleiten und
dabei Form und Rhythmus der Erfahrung teilen. Dieser Prozeß läuft innerhalb von Sekundenbruchteilen
ab, wobei beide Beteiligte kontinuierlich eine Unzahl
emotional »aufgeladener« mimischer Informationen zu
verarbeiten haben, die sie fast gleichzeitig in ähnlicher
Weise reagieren lassen. Mit anderen Worten, das Baby
scheint mit seiner Reaktion gar nicht erst auf die Anre-
gung durch die Mutter zu warten, sondern beide verarbeiten einen ununterbrochenen Strom an Reizen
und reagieren, noch während der Reiz anhält. Diese In-
teraktivität erzeugt wahrscheinlich die Erfahrung emotionaler Harmonie und der Einfühlung: Sie verständi-
gen sich »auf derselben Wellenlänge«. Durch solche
interaktiven Prozesse geben Mütter ihren Babys einen

emotionalen Schnellstart und stehen ihnen auf ihrer Reise in die Gefühlswelt bei.

Doch die mimische Anpassung ist nie hundertprozentig. In erfolgreichen spielerischen Interaktionen stimmt der Gesichtsausdruck von Mutter und Kind sogar nur zu etwa 30 Prozent der Zeit genau überein, während er sonst leicht abweicht. Bei solchen Abweichungen gleichen die beiden ihren Gesichtsausdruck meistens innerhalb weniger Sekunden dem des Gegenübers an. Doch genau diese kurzen Momente geringer Abweichung sind wahrscheinlich der Anfang einer Trennung von Mutter und Baby, deren Wahrnehmung dieses veranlaßt, seine Fähigkeit zur Selbstregulierung weiterzuentwickeln, und die das Gefühl des Babys, ein von der Mutter separates Wesen zu sein, und damit das Bewußtsein eines eigenen Selbst allmählich steigert.[9] In den wenigen Sekunden des ›Getrenntseins‹ bekommt das Kind Gelegenheit, auch einmal eine Emotion ganz allein zu erleben. Weil die Augenblicke der Nicht-Anpassung nur kurz sind und schnell vorübergehen, erfahren die Babys nach und nach, daß sie auch in Momenten der Spannung und emotionalen Trennung in einer Beziehung bleiben und daß zwischenmenschliche Risse wieder geflickt werden können. Die Eltern sind also, vereinfacht gesagt, unsere ersten Emotions-Schrittmacher. Indem sie uns in Tausenden von gemeinsamen Interaktionen in unserer frühen Kindheit unablässig trainieren, formen sie buchstäblich die Art und Weise, wie wir später unsere inneren Gefühlszustände modulieren werden.

Erkenntnisse der Entwicklungspsychologie geben Auskunft darüber, was geschieht, wenn in dieser ersten

Phase der positiven gegenseitigen Verstärkung etwas schiefgeht. Als Daniel Stern Mütter ohne depressive Vorgeschichte bat, ein neutrales Gesicht zu machen und nicht auf die Versuche ihrer Kinder zu reagieren, sie in Interaktionen zu verwickeln, protestierten die Kleinen und versuchten, die Aufmerksamkeit der Mutter auf sich zu lenken. Wenn diese dann aber noch mehrere Minuten lang keine Miene verzog, gab das Kind rasch auf, wurde teilnahmslos und entmutigt und beendete die eben noch so eifrig betriebenen Versuche, seine Mutter zu positiven Interaktionen zu veranlassen. Danach wurde die Mutter gebeten, sich bewußt gegen den Rhythmus des Kindes zu verhalten, zum Beispiel indem sie es in langsamerem Rhythmus schaukelte, als es selbst mit den Armen ruderte. Daraufhin wandte sich das Kleine verwundert seiner Mutter zu, als wollte es fragen: »Was ist denn nun los?« Diese Ergebnisse deuten an, was passieren kann, wenn eine Mutter am Kreislauf der gegenseitigen Abstimmung und positiven Verstärkung im ersten Lebensjahr nicht auf normale Weise teilnimmt.

Außerdem dokumentierte Beebe das problematische Verhaltensmuster, das sich rasch entwickelt, wenn eine Mutter die entstehende Fähigkeit des Kindes zur Selbstregulierung – die es zum Beispiel durch Abwenden des Blickes zeigt – ignoriert und es zwingt, den Blickkontakt aufrechtzuerhalten. Wenn das Kind sich zu entziehen versucht und die Mutter es wieder in die Interaktion hineinziehen will, ist möglicherweise das Einfühlungsvermögen der Mutter gestört, oder sie kann den Bindungsverlust nicht ertragen. Das Baby lernt dann: »Wenn ich weggehe, kommst du, und wenn du kommst, gehe ich weg.« Es wird deshalb mehr Energie darauf verwenden, sich von der Mutter zu entfernen, als mit ihr zusammenzusein. Wir sehen also, daß ein gestörter Ablauf dieser ersten Phase des Stimmungsmodulations-Prozesses möglicherweise problematische Folgen für das Kind hat. Es besteht die Gefahr, daß es nur zu einem begrenzten Repertoire an positiven Gefühlen Zugang finden wird oder daß es später von anderen Menschen ein überstimulierendes und aufdringliches Beziehungsverhalten erwartet.

Doch im positiven Fall hat das Kind im ersten Jahr gelernt, zunehmend intensive Gefühlszustände zu tolerieren. Das zweite Jahr hält allerdings eine unangenehme Überraschung bereit: Plötzlich ist alles anders. Die Mutter zieht sich aus dem Prozeß der gegenseitigen Gefühlsabstimmung allmählich zurück. Sie verhält sich mehr und mehr so, als würde sie von ihrem Kind erwarten, daß es seine negativen Gefühle selbst bewältigt. Der Tonfall zwischen Mutter und Kind ändert sich, während die Anzahl der Interaktionen, die mit Korrekturen verbunden sind, steil ansteigt. In einer Untersuchung wurde beispielsweise festgestellt, daß Kleinkindern im zweiten Lebensjahr etwa alle neun Minuten etwas verboten wird.[10] Das ist viel – kein Wunder, daß Kinder in diesem Alter so schlecht gelaunt sind! Für die Kleinen kommt es in dieser Zeit darauf an, daß sie ihre Fähigkeit zur Kontrolle negativer Emotionen und der entsprechenden Handlungsimpulse rasch weiterentwickeln. Im späteren Leben wird sozial angemessenes Verhalten nämlich oft darin bestehen, daß sie den Wunsch unterdrücken, ihre negativen Gefühle zu zeigen oder auszuagieren.

Mütterliche Verbote in Form strenger Blicke, fehlender Reaktionen oder wütender Worte häufen sich also, doch natürlich erwartet das Kind nach den bisherigen harmonischen Erfahrungen etwas ganz anderes. Deshalb löst das Erlebnis, mit der Mutter emotional ›aus dem Takt‹ geraten zu sein, in ihm einen Schock und emotionale Deflation (Enttäuschung) aus. Es fühlt sich so an, als hätte plötzlich jemand die Notbremse gezogen – das Kind wird in einen Zustand der Scham, negativer Gefühle und geringer Aktivation geschleudert, den es noch nicht selbst bewältigen kann. Man könnte es so sehen, als hätte das Kind gelernt, mit den positiven Reaktionen der Mutter als Brennstoff schnell und sicher zu fahren und sogar schon selbst zu tanken. Als die Mutter ihm aber das Benzin, mit dem es noch immer rechnet, vorenthält und es noch dazu tadelt, bleibt das Gefühlsfahrzeug des Kindes mitten auf der Straße stehen – es fühlt sich beschämt, wütend und allein.

Nachdem die Bezugsperson also ihre Machtposition genutzt hat, um das Verhalten des Kindes in eine sozial wünschenswerte Richtung zu lenken, muß sie es nun wieder zu sich holen. Sie muß den Riß in ihrer Beziehung kitten, der durch ihre Mißfallensäußerung entstanden ist. Dieser »Reparaturprozeß« ist genauso wichtig wie die Mißfallensäußerung selbst. Ohne ihn kann das Kind nicht lernen, die negativen Gefühle, die die Mißfallensäußerungen anderer in ihm auslösen, zu tolerieren – und zu regulieren. Ohne ihn bleibt es verwundbar und in seiner Selbstachtung übermäßig abhängig vom Lob anderer; es wird selbstsüchtig, weil es seine Bedürfnisse für wichtiger hält als die Interessen und Wünsche anderer. Wird der Riß nicht gekittet, verbleibt das Kleinkind zu lange im Bann negativer Emotionen wie Angst, Trauer und Scham, denn ein wirksames Mittel, sich von diesen Gefühlen zu befreien, muß es sich erst noch aneignen. Hilflos strampelt es im Sumpf seiner negativen Gefühle herum.

Man kann sich vorstellen, daß es einer depressiven oder aggressiven Bezugsperson, die selbst mit negativen Gefühlszuständen zu kämpfen hat, schwerfällt, den Riß in der Beziehung zum Kind zu kitten. Dieser Reparaturprozeß ist aber wichtig, weil er den positiven Gefühlszustand des Kindes wiederherstellt und ihm signalisiert, daß Mami zwar *sein Verhalten* nicht gefallen hat, daß sie *es selbst* aber liebt und ihm verzeiht. Das Kind lernt dadurch außerdem, negative Gefühlszustände zu ertragen und damit zu rechnen, daß es am Ende, wenn alles vorbei ist, wieder positive Gefühle und intakte Beziehungen zu anderen Menschen haben wird.

Durch diesen Prozeß, bei dem sich Mißbilligung und Fehlabstimmung mit Wiederherstellen der Verbindung und Abstimmung abwechseln, lernt das Kind zunehmend besser, intensive negative Gefühle zu kontrollieren und sie letztlich selbst zu bewältigen. Der Beziehungsriß gibt ihm ein inneres Porträt von einer wütenden Mutter und einem unartigen, wütenden oder beschämten Ich. Dieses Porträt fügt das Kind zu den anderen Bildern in seinem kortikalen Fotoalbum hinzu, auf das es später zurückgreifen wird. Wenn alles gutgeht, bleibt ihm darüber hinaus ein Beziehungsmodell, in dem ihm seine Fehler verziehen werden. Das Porträt der verärgerten Mutter wird nicht die Möglichkeit verdecken, daß die Beziehung reparabel ist und daß das Kind sich das Bild der liebenden, zufriedenen Mutter später wieder wird vorstellen können. Der Riß-Reparatur-Prozeß verleiht ihm nach und nach die Fähigkeit, negative Gefühlszustände selbständig zu modulieren.[11]

In dieser Phase entwickelt sich in einer benachbarten Gehirnregion eine weitere Schleife, ein zweiter Schaltkreis. Sein Wachstum wird davon beeinflußt, wie der Beziehungs-Riß-Reparatur-Kreislauf zwischen Kind und Bezugsperson in dieser Lebensphase verläuft, wobei die Neurone interessanterweise unter dem Einfluß des Streß-Hormons Kortisol schneller und besser wachsen. (Kortisol wird ausgeschüttet, wenn das Kind sich in einem Zustand geringer Aktivation befindet, wie er offenbar durch die Mißbilligung der Bezugsperson ausgelöst wird.) Das bedeutet, daß der Riß-Reparatur-Prozeß vielleicht sogar die Voraussetzung dafür ist, daß sich die Nervenbahnen, über die wir die negativen Gefühle zunehmend selbst bewältigen, überhaupt erst entwickeln, und daß er ein günstiges chemisches Klima für optimales Neuronenwachstum schafft. In dieser Lebensphase gibt die Bezugsperson dem Kind also nicht nur Gelegenheit, seine Fähigkeit zu einem selbstbestimmten Leben zu üben, sondern fördert damit indirekt die Bildung dieser zweiten Gruppe neuronaler Verknüpfungen, über die das Kind mit der Zeit seine emotionalen Zustände selbst regulieren lernt.

Und während diese kortikalen Schaltkreise nacheinander heranreifen, entwickelt das Kind neue, immer komplexere Repräsentanzen von seinen Bezugspersonen und seiner Interaktion mit ihnen. Sie können ihm helfen, Freude zu empfinden, sich selbst zu trösten oder negative Rückmeldungen von anderen zu ertragen, ohne gleich in Verzweiflung zu versinken. Solche Gefühle treten stets im Kontext zwischenmenschlicher Beziehungen auf; sie entstehen, entwickeln und verfeinern sich durch den Prozeß unserer Interaktionen mit anderen.

Man kann kleine Kinder häufig bei Tätigkeiten beobachten, die nahelegen, daß sie für ihre Stimmungsmodulation innere Repräsentanzen wachrufen. So singt ein Krabbelkind vielleicht beide Rollen eines Liedes (das es sonst abwechselnd mit seiner Mutter singt), um positive Gefühle zu erzeugen oder sich vor der Angst zu schützen, die es wegen der Abwesenheit der Mutter verspürt. Das Lied beschwört ihre liebevolle Gegenwart herauf, indem es an eine gemeinsame positive Erfahrung erinnert. Oder ein kleines Mädchen streckt die Hand nach einem verbotenen Keks aus, geht aber mit der anderen dazwischen, so als wäre plötzlich wie durch Zauberei Mamis Hand neben ihr aufgetaucht. Und wirklich wird Mamis Hand – in Form eines aktivierten inneren »Schnappschusses« von einer früheren Situation – bei der Kleinen sein, auch wenn Mami selbst nicht da ist. Was als eine Art äußeres Gehirntraining durch die ersten Bezugspersonen beginnt, führt langfristig zur Entstehung innerer Schaltkreise im Gehirn, die später im Leben – selbst wenn die Bezugsperson nicht mehr da ist – dauerhaft unsere Fähigkeit formen, unsere inneren Gefühlszustände zu regulieren.

Ebenso sind – die Vermutung liegt nahe – die kortiko-limbischen Schaltkreise, die sich in den ersten Lebensjahren entwickeln, eng mit Selbstachtung und ihrer Regulierung verbunden. Selbstachtung ist definierbar als »ein affektives Bild des Selbst«, wobei mit hoher Selbstachtung ein Vorherrschen positiver Affekte wie etwa Stolz assoziiert wird und niedrige Selbstachtung mit einer entsprechenden Vielzahl negativer Emotionen wie etwa Scham. Ein wirksames Regulieren der Emotionen, das zu vielen positiven Affekten wie Freude und freudiger Erregung führt, hat hohe Selbstachtung, aber auch positive Bilder von anderen zur Folge. Umgekehrt wird eine problematische Stimmungsmodulation, die zu Trauer, Angst und Wut führt, meistens begleitet von negativen Einstellungen zu uns selbst und anderen.

Weil unsere limbische Kontrollschleife zwischen dem Emotionszentrum und jenen Kortex-Regionen geschmiedet wird, in denen die psychischen Schnappschüsse von uns selbst und anderen kodiert werden, treten Gefühle im Kontext aktueller Beziehungen auf oder sind mit einer Erinnerung an vergangene Beziehungen verknüpft. Unsere inneren Gefühlszustände werden also im guten wie im schlechten von der Mutter und anderen Menschen bevölkert, die wir in unser mentalemotionales Fotoalbum aufgenommen haben. Bei der Geburt ist unsere Fähigkeit, das limbische System selbst zu beeinflussen, zwar kaum vorhanden, aber schon bald wachsen uns innere Zügel in Form einer Schleife zwischen Kortex und limbischem System, die uns bei der Aufgabe der Stimmungsmodulation unterstützt. Wenn alles läuft wie vorgesehen, hilft uns der Kortex bei der Überwachung des limbischen Systems, und die inneren Porträts unterstützen uns bei der wirksamen Modulation unserer Stimmungen.

Im Laufe des zweiten Lebensjahres kommt es für die emotionale Selbstmodulation zu einer weiteren wichtigen Veränderung: der Entwicklung der Sprache. Mit

Hilfe der Sprache (die im Gegensatz zu den bisher besprochenen emotionalen Regelkreisen vorwiegend von der linken Gehirnhälfte gesteuert wird) kommunizieren Mütter und ihre Kinder nun zunehmend über innere Gefühlslagen. Während ihre Kommunikation sich bisher überwiegend auf das gemeinsame Erleben von Vitalitätsaffekten beschränkte, können sie jetzt auch verbal über emotionale Erfahrungen nachdenken und sprechen. Im Alter von etwa 18 Monaten werden Gefühle von Kleinkindern einfach nur geäußert oder benannt. Doch bereits 10 Monate später beziehen sich 60 Prozent der sprachlichen Äußerungen von Müttern gegenüber ihren Kindern auf innere Zustände. Nähern sich die Kinder dem Alter von drei Jahren, betrifft bereits die Hälfte aller Gespräche über Gefühlszustände deren Ursachen.

Dieser Prozeß der sprachlichen Benennung und Verarbeitung von Gefühlen ist wichtig, denn es ist das Medium Sprache, über das Eltern ihren Kindern beibringen, wie sie die eigenen Gefühle erkennen und mit was oder mit wem ihre Gefühle verknüpft sind. Über die Sprache teilen Eltern ihren Kindern mit, wie sie ihre Gefühle auf sozial anerkannte Weise ausdrücken können, und mit Hilfe der Sprache erklären sie ihnen Techniken zur emotionalen Regulation und Selbstkontrolle, mit denen die Kinder ihre Fähigkeiten zur Stimmungsmodulation verfeinern können.

Es gibt allerdings hinsichtlich der Häufigkeit solcher Gefühlsgespräche große Unterschiede zwischen den Familien. Im Durchschnitt werden achteinhalb derartige Unterhaltungen pro Stunde geführt – als »Unterhaltung« gilt ein Gespräch, bei dem ein Kind und eine andere Person mindestens zweimal zu Wort kommen; das Spektrum reicht von 2 bis 25 Gefühlsgesprächen pro Stunde. Überdies kommt es hinsichtlich der Ausbildung emotionaler Kommunikationsfähigkeiten natürlich auf die Qualität der Gespräche an. Je häufiger sich die Mütter mit ihren dreijährigen Kindern über Emotionen unterhielten, um so besser konnten diese Kinder mit sechs Jahren die emotionalen Reaktionen anderer beurteilen. Und die Gefühlsgespräche erlauben es den Kindern, immer komplexere Porträts von anderen Menschen zu entwerfen, was sie wieder zu größerem Einfühlungsvermögen befähigt.[12]

Um so trauriger stimmt deshalb das – allerdings wenig überraschende – Ergebnis aus Untersuchungen mißhandelter Kinder, daß diese nur *wenige* Wörter für negative Emotionen wie Haß, Wut und Ekel kannten, obwohl sie wahrscheinlich mit diesen Gefühlen mehr Erfahrung hatten als andere Kinder. Das läßt darauf schließen, daß man ihnen keine Gelegenheit gegeben hatte zu lernen, wie man Gefühlszustände mit Wörtern verknüpft. Hier liegt möglicherweise die Ursache einer Störung namens Alexithymie (wörtlich: »Mangel an Wörtern für Gefühle«), die Erwachsene daran hindert zu verstehen, was sie fühlen, zwischen verschiedenen Gefühlen zu differenzieren und zu begreifen, wodurch bestimmte Gefühlszustände bei ihnen selbst und anderen ausgelöst werden.[13]

Und schließlich gibt es Hinweise darauf, daß unsere Fähigkeiten zur Stimmungsmodulation noch effektiver werden, wenn wir schon früh im Leben echte Möglichkeiten zur Kontrolle, aber auch Werkzeuge zur Selbstkontrolle an die Hand bekommen. Untersuchungen haben gezeigt, daß Zweijährige, die weniger mit Zwang erzogen wurden als mit Hilfe von Erklärungen, was man aus welchen Gründen von ihnen erwartet, denen also auch ohne Drohungen oder Zwang Grenzen gesetzt wurden, im Alter von fünf Jahren aufgeschlossener waren, bessere Beziehungen zu anderen Menschen (einschließlich ihrer Eltern!) hatten und außerdem größere Neugier, Entdeckerfreude und Autonomie zeigten.[14] Anders gesagt, wer seine Kinder nicht auf strenge, rechthaberische oder erpresserische Weise kontrolliert und sich nicht auf Machtkämpfe einläßt, sondern seine Interventionen darauf ausrichtet, daß das Kind seine inneren Ressourcen zur Selbstkontrolle selbst entwickeln kann – wer so handelt, erzieht seine Kinder zu einem positiveren Bild von sich selbst und anderen, das ihnen dauerhaftere positive Stimmungen und mehr Unabhängigkeit ermöglicht. Diese Kinder haben dann wahrscheinlich häufiger erlebt, daß sie die Ereignisse in ihrer Umwelt tatsächlich beeinflussen können, daß ihr Verhalten etwas bewirkt und ihre Wünsche und Bedürfnisse ernstgenommen werden. Weil sie seltener und für kürzere Zeit hilflos und beschämt oder wütend oder ängstlich waren, haben sie wahrscheinlich auch mehr Erfahrung darin, über sich selbst zu bestimmen.

Nun sind frühkindliche Erfahrungen zwar äußerst wichtig, um innere Gefühlszustände modulieren zu lernen, aber auch ererbte Eigenschaften wie das Temperament spielen eine Schlüsselrolle. Kagans Beobachtungen an 400 vier Monate alten Babys ergab, daß ein Drittel von ihnen als hoch reaktiv einzustufen war, weil sie auf neue Reize mit einem überdurchschnittlichen

Anstieg der Herzfrequenz und größerer Furcht reagierten.[15] Davidson konnte nach einer Untersuchung mit Kleinkindern voraussagen, welches von ihnen schreien würde, wenn die Mutter aus dem Zimmer ging, und zwar abhängig davon, ob der linke oder rechte Stirnlappen der aktivere war.[16] (Der linke Stirnlappen wird mit einem fröhlichen Temperament assoziiert, der rechte mit einem melancholischen, reizbaren.) Seine Untersuchungen zeigten eindrucksvoll die Verknüpfung bestimmter Lebenseinstellungen mit bestimmten Mustern der Gehirnaktivität.

Und was ist dann mit Menschen, mögen Sie fragen, die mit einem aktiveren rechten Stirnlappen geboren werden? Haben solche Menschen schon verloren, bevor das Spiel des Lebens richtig beginnt? Nein − Temperament ist kein Schicksal. Kagan stellte nämlich außerdem fest, daß schüchterne Kinder, die von ihren Eltern in der Kindheit angespornt wurden, sich zu mutigeren Kindern entwickelten, während übertriebene Besorgnis sie noch ängstlicher machte. Und Davidsons Forschungen legen nahe, daß es zwar unmöglich ist, die unterschiedliche Aktivation unserer Stirnlappen zu verändern, daß aber bestimmte positive oder negative Denkmuster die beiden Stirnlappen unterschiedlich beeinflussen.

Biologische Faktoren wie Temperament wirken sich zwar darauf aus, wie leicht oder schwer es uns fällt, die Schalthebel der Macht über unsere Emotionen zu betätigen. Wie wir jedoch letztlich unser genetisch-biologisches Potential realisieren, hängt von den limbischen Lektionen ab, die wir im Kontext unserer frühkindlichen Beziehungen gelernt haben. Diese wichtigen limbischen Lektionen entscheiden darüber, ob wir als Erwachsene unsere Stimmungen kompetent modulieren und unsere inneren Gefühle effektiv regulieren werden: also letztlich über unsere persönliche Autonomie und eine optimistische Lebenseinstellung.

FÜNFTES KAPITEL

Beziehungsbande

»Als ich die Frau in meinem Traum zögernd küsse, verkeilen sich plötzlich unsere Kiefer ineinander und verschmelzen dann, so daß wir nur noch eine einzige gemeinsame untere Gesichtshälfte haben. Irgendwie weiß ich, daß einer von uns sich den Weg wird freibeißen müssen. Nur einer von uns wird überleben. Ich will nicht den ersten Schritt tun, aber wenn ich darauf warte, daß sie den Befreiungsschlag tut, ist es vielleicht zu spät, und dann muß ich sterben. Ich bleibe voller Angst, aber bewegungslos sitzen.«

»»Das wär's dann also«, haben Sie im Traum zu mir gesagt, als Sie mich zur Tür brachten. ›Was meinen Sie damit, das wär's?‹ fragte ich, ängstlich und voller böser Vorahnungen. ›Das wär's. Es ist Schluß. Wir werden uns nicht wiedersehen‹, haben Sie geantwortet. ›Jetzt, wo Sie Ihre Beförderung in der Tasche haben, brauchen Sie mich doch nicht mehr.‹ Mir wurde übel.«

»Im Traum nahm ich meine Freundin mit auf eine absolut schwierige Piste. Ich stehe oben und sehe ihr beim Losfahren zu. Ein Teil von mir lauert darauf, sie auszulachen, wenn sie sich auf den Hosenboden setzt und den Hang hinunterrutscht, weil sie diese Piste nicht bewältigt oder so. Ich frage mich aber auch, ob es nicht dumm war, sie hier rauszubringen, und was ich tun soll, wenn sie sich die Knochen bricht.«

Auf jedes Kind, das seine Gefühlsmonster der Wut, Angst und Trauer als Erwachsener einigermaßen zähmen gelernt hat und das Repräsentanzen von sich selbst und anderen in positiven Beziehungen besitzt, kommt ein anderes Kind, das weniger Glück hatte. Seine frühkindlichen Erfahrungen haben bei ihm kognitiv-affektive Strukturen ausgebildet, in denen starke negative Emotionen wie Scham, Wut, Schuldgefühle, Verachtung und Einsamkeit eine zentrale Rolle spielen. Wie im letzten Kapitel erläutert, verinnerlichen wir unsere Beziehungserfahrungen der ersten Lebensjahre in Form von »Selbst-Objekt-Affekt«-Einheiten, wie Otto Kernberg sie nannte.[1] Mit anderen Worten, jede Beziehungsrepräsentanz kodiert im Gehirn ein Bild von unserem Selbst und ein anderes Bild des anderen (psychoanalytisch ausgedrückt, des »Objekts«) sowie die emotionale beziehungsweise affektive Färbung einer bestimmten zwischenmenschlichen Interaktion. Diese frühkindlichen Interaktionen sind buchstäblich ein Teil der Gehirnstruktur, denn sie werden in den kortiko-limbischen Schaltkreisen gespeichert, in denen eine stetig wachsende Anzahl kortikaler Selbst- und Fremdporträts fest mit bestimmten, im limbischen System entstandenen Emotionen verknüpft sind. Diese von frühester Kindheit an gewachsene kognitiv-affektive Struktur wird später als Modell dafür verwendet, wie man mit anderen Menschen umgeht und was man von Beziehungen zu erwarten hat.

Als Lester Luborski und seine Kollegen von der Universität Pennsylvania Versuchspersonen baten, zehn wahre oder ausgedachte Geschichten aus der Gegenwart oder Vergangenheit zu erzählen, stellten sie fest, daß die Geschichten einen für die erzählende Person typischen Verlauf nahmen und daß sie deren inneres Bild von zwischenmenschlichen Beziehungen und den damit verbundenen Gefühlen reflektierten. Diese Forschungsergebnisse weisen darauf hin, daß die kognitiv-affektiven kortiko-limbischen Verknüpfungen aus der frühen Kindheit bis ins Erwachsenenleben bestehen bleiben und bestimmen, wie wir uns anderen Menschen gegenüber verhalten. Die Kernthemen, um die unsere Beziehungen kreisen, sind sogar an unseren Träumen – etwa an den drei eingangs beschriebenen Träumen meiner Patienten – deutlich abzulesen.[2]

Michaels Traum, der mit einem Kuß beginnt und in einer mit Angst besetzten Pattsituation endet, sagt einiges darüber aus, wie seine typischen Beziehungen verlaufen. Eine Handlungsmöglichkeit besteht für ihn darin, unverbunden und distanziert zu bleiben, den Kuß von Anfang an zu vermeiden. Oder er läßt sich auf die Beziehung ein, die mit der angenehmen Aussicht auf Intimität beginnt. Daraus entwickelt sich dann aber eine offensichtlich lebensbedrohliche Situation, die ihn nervös und ängstlich macht: Wenn er sich als erster ›durchbeißt‹, muß er die damit verbundenen Schuldgefühle ertragen. Wartet er aber darauf, daß seine Partnerin zuerst tätig wird, wird er am Ende vielleicht tödlich verletzt und noch dazu wütend sein, weil er zum Opfer gemacht wurde. In jedem Fall sieht er persönliche Nähe als einen Vorboten von Zerstörung. Da ist es kein

Wunder, daß etwas, das eigentlich angenehm sein sollte – der Kuß als Symbol für eine Bindung, eine intime
Beziehung –, Michael zögern läßt. Man sieht, wie jede
mögliche Wendung in der Beziehung für ihn mit negativen Gefühlsoptionen verbunden ist: Distanz mit
Einsamkeit, Nähe mit dem Verlust des eigenen Selbst,
eigenes Aktivwerden mit Wut und gleichzeitig mit
Schuldgefühlen darüber, »das Gesicht gewahrt« zu haben, und abwartendes Verhalten mit Angst. Wer kann da
noch Optimist sein, wenn er mit solchen Konflikten zu
kämpfen hat?

Nebenbei sei bemerkt, daß eine Interpretation dieses
Falles nach Freud sich wohl mehr auf den Aspekt der
Sexualität – symbolisiert durch den Kuß – konzentrie-
ren würde. Weil aber die Sexualität eines Menschen in
Beziehungen stattfindet, kann man sie auch vor dem
Hintergrund der in frühester Kindheit geprägten Be-
ziehungsmuster deuten. Bei Michael gab es daher auch
eine Verbindung zwischen der Nähe durch Sexualität
und der Bedrohung durch destruktive Aggression. Zum
Beispiel ängstigte es ihn, daß sich Frauen den eigenen
sexuellen Bedürfnissen auslieferten und den Genuß des
Geschlechtsverkehrs vielleicht mit einer ungewollten
Schwangerschaft bezahlten. Die verlockende Nähe der
Intimität weckte seine Angst, weil sie auch eine destruktive Bedrohung beinhaltete: daß man für Intimität
einen Preis bezahlen mußte. Wie ich herausgefunden
habe, ist das Verständnis frühkindlicher Beziehungsre-
präsentanzen eine notwendige Voraussetzung dafür, die
Geheimnisse der sexuellen Hemmungen und Phantasi-
en eines Menschen aufzudecken.

Jills Traum zeigt uns das emotionale Klima ihrer Beziehungen aus einem anderen, jedoch ebenfalls problematischen Blickwinkel. Sie träumt, daß ich – ihre Therapeutin seit über drei Jahren – überstürzt, einseitig und ohne Vorwarnung unsere Beziehung ohne weitere Diskussion beende, indem ich nach einer Sitzung einfach verkünde, es sei vorbei. Als ich mit Jill darüber sprach, was ihre jüngste Beförderung mit ihrer Befürchtung zu tun haben könnte, daß ich sie nicht mehr sehen wolle, kamen in ihrer Antwort Themen wie Schuld und Verantwortung, Verrat und Vergeltung zum Ausdruck. Sie glaubte, durch ihr Weiterkommen würde sie unsere Beziehung entscheidend beschädigen und sich dafür schuldig fühlen. Da es ihr Verbrechen sei, mich zurückzulassen, so sei meine Entscheidung, sie nicht mehr sehen zu wollen, die Strafe für ihren Verrat gewesen. Überdies hätte ich – statt ihr fairerweise rechtzeitig mitzuteilen, daß ich verletzt oder ungehalten sei oder mich allein gelassen fühlte – einfach meine Gefühle der Wut und des Betrogenseins so lange aufgestaut, bis unsere Beziehung irreparabel beschädigt worden sei. Und obwohl ich vielleicht verletzt gewesen sei, hätte ich ihr nur eine Fassade der eisigen Kälte gezeigt, so als machte es mir nichts aus, sie aus meinem Leben zu verbannen.

Nach Jills internalisiertem Beziehungsbild kann man Unabhängigkeit und Autonomie nur um den Preis von Schuldgefühlen gewinnen, weil man jemanden betrogen hat, und berufliches Fortkommen oder räumliche Trennung führen für sie dazu, daß man einen Menschen für immer verliert. Jill hat zwar die Fähigkeit, sich in Beziehungen wohl und aufgehoben zu fühlen und positive Emotionen zu empfinden. Doch nach ihrem Modell sind bestimmte Risse in der Beziehung nicht zu kitten, so daß all ihre Beziehungen von der Angst bedroht sind, eine Katastrophe auszulösen, weil sie nicht merkt, daß sie die Toleranzgrenzen ihres Gegenübers bereits überschritten hat. Weil also sowohl das Weggehen wie auch das Dableiben für sie mit negativen Gefühlen durchsetzt sind, kann sie sich selbst und ihre Umwelt unmöglich für längere Zeit optimistisch sehen.

Robert bringt seine Freundin im Traum in eine Situation, mit der sie möglicherweise nicht zurechtkommt, und schaut sich dann aus sicherer Distanz an, wie sie sich dabei anstellt. Einerseits würde er seine Freundin jederzeit auslachen, wenn sie aus Mangel an Körperbeherrschung auf dem Allerwertesten den Hang hinunterrutscht, doch andererseits befürchtet er auch, daß sie sich ernsthaft etwas tut, sich vielleicht das Bein bricht. Und es steht zu erwarten, daß er ebenfalls bald an der Reihe ist, womit sich die ungefragte – und noch unbeantwortete – Frage stellt, wie *er* mit der Situation zurechtkommen wird.

Roberts Beziehungen sind häufig davon geprägt, daß er den Stoff, aus dem andere gemacht sind, auf derart emotionslose Weise seziert, und er versucht häufig, andere in Situationen zu bringen, in denen er beobachten kann, wie sie die Kontrolle verlieren. Solange das nicht passiert, idealisiert und bewundert er ihre Selbstbeherrschung, doch wenn sie Gefühle oder andere Anzeichen dafür erkennen lassen, daß ihnen eine Situation oder ein anderer Mensch nicht gleichgültig ist, ärgert er sich über ihre »Schwäche«. Doch sein Wunsch zu wissen, ob und wann ihnen das Ruder aus der Hand gleitet, hat seinen Preis: Er muß sich damit auseinandersetzen, daß er – als Aggressor – sie in eine gefährliche Situation gebracht hat, und er muß sich fragen, ob sich die Situation nicht im nächsten Moment umkehrt, weil seine Freundin ihn vom Fuß der Piste aus beobachtet, vielleicht ihrerseits bereit, über ihn zu lachen.

In Wirklichkeit macht sich Robert ständig Gedanken darüber, welchen Eindruck er nach außen hin verbreitet und wie gut seine Selbstbeherrschung in Wahrheit ist, während er zu verbergen versucht, daß andere Menschen ihm durchaus nicht gleichgültig sind. Dieses ständige Prüfen seiner selbst und anderer und sein Gefühl, in Beziehungen gehe es vor allem darum, andere aus dem emotionalen Gleichgewicht zu bringen, hindert Robert an einer optimistischen Lebenseinstellung.

Das Beziehungsverständnis, das sich in den Träumen meiner Patienten ausdrückt, stimmt genau mit den Geschichten überein, die sie aus ihrer Kindheit erzählen. Michael wuchs nach dem Tod seiner Mutter bei seiner Stiefmutter auf. Wenn sie wütend war, kritisierte sie ihn oft so lange, bis er anfing zu weinen. Daraufhin hänselte sie ihn und befahl ihm, damit aufzuhören. Tat er das nicht, zwang sie ihn manchmal, in den Garten zu gehen und sich am Baum einen Ast auszusuchen, mit dem er »am liebsten« für seinen Ungehorsam geschlagen werden wollte. Ihre Wutausbrüche waren zwar völlig unberechenbar, wurden aber auf jeden Fall dann ausgelöst, wenn er sich »angeberisch« verhielt, und sei es nur durch normalen kindlichen Stolz über die eigenen Leistungen. Statt ihn zu loben, schien Michaels Stiefmutter sein Verhalten als großspurig oder eingebildet zu interpretieren; andererseits mußte alles und jedes, was *sie* tat – zum Beispiel ihre Kochkünste – gelobt werden. Doch trotz dieser unangenehmen Begegnungen entschied Michael sich dafür, seine Stiefmutter – wie in seinem Traum – zögernd in sein Leben mit einzubeziehen. Schlichter Rückzug war nicht möglich, weil er, wie er es ausdrückte, »nur diese eine Mutter« hatte. Deshalb konnte er nur versuchen, ihr nahe zu sein und sowohl die Angst vor ihren Wutanfällen zu ertragen als auch die Wut, die sie in ihm auslöste.

Überdies paßt zu den verschmelzenden Gesichtern und dem Individualitätsverlust in seinem Traum, daß seine Stiefmutter häufig seine Sätze für ihn beendete. Damit weckte sie einerseits die Illusion, sie seien sich so nahe, daß sie das Gleiche dachten und fühlten, steigerte aber andererseits das Maß an Aufdringlichkeit und Kontrolle.

Die emotionalen Tendenzen und Beziehungserwartungen, die Michael durch diese Erfahrungen internalisierte, setzten sich denn auch in seinem Erwachsenenleben fort. Wenn Michael sich zum Beispiel bei der Arbeit in einer Konfliktsituation befand, mußte er häufig feststellen, daß er mit zunehmender Wut immer sprachloser und bewegungsunfähiger wurde. Er reagiert verunsichert und sehr selbstkritisch nicht nur, wenn er sich angegriffen fühlt, sondern auch, wenn alles gut läuft, ihm die Arbeit Spaß macht und er sich tüchtig weiß. Dann scheint es ihm, als würde ein winziger Fehler genügen, um alles Erreichte zunichte zu machen. Und sein häufiger Eindruck, daß er reglos auf einem Topf voller gefährlicher Gefühle sitzt, die überzukochen drohen, bedeutet auch, daß er jederzeit selbst explodieren könnte.

In seinem Erwachsenenleben hielt sich Michael daher häufig distanziert von anderen, um die wütenden, gefährlichen Kämpfe, die er befürchtete, gar nicht erst zu riskieren. Doch emotional zahlte er dafür einen recht hohen Preis: Er klagte, er sei farblos und wenig spontan und fühle übermäßige Distanz zu allem und jedem. Mit anderen Worten, nichts berührte ihn besonders negativ, aber viel Spaß am Leben hatte er auch nicht.

Während Michaels frühkindliches Beziehungsmodell ihm also nur die Wahl ließ zwischen Distanz und einem faden Einzelgängerleben einerseits und andererseits einer sich fast bis zum Verschmelzen steigernden Nähe (mit dem Risiko, daß sie in einem Blutbad endete), sieht es bei Jill anders aus. Sie verläßt jemanden, fühlt sich dann schuldig, weil sie ihn allein gelassen hat, doch wenn sie sich ihm wieder zuwendet, ist sie wütend, weil sie dafür ihre Unabhängigkeit und ihr Fortkommen aufgeben muß. Ihre Mutter, durch eine Krankheit lange Zeit deprimiert und bettlägerig, war eine lebhafte und anziehende Persönlichkeit, doch litt die Tochter unter der ständigen (berechtigten) Angst, die Mutter könnte sterben und sie allein zurücklassen. Es stellte sich heraus, daß es Jill mit ihrem heiteren Wesen, ihrem festen Willen und ihrer Wärme gelang, der Mutter aus den dunklen Augenblicken der Verzweiflung herauszuhelfen – es gab Zeiten, da schien sie fast wie ein Antidepressivum zu wirken. Doch was geschieht, wenn jemand ein solches Mittel von heute auf morgen nicht mehr einnimmt?

Das Problem, das Jill mit dieser frühkindlichen Beziehung hatte, war der hohe Preis, den sie für ihre Unabhängigkeit zahlen mußte. Ihr Wunsch, ein eigenes Leben zu führen, schien die Gesundheit und das Wohlbefinden ihrer Mutter ebenso stark zu bedrohen, als fehlte ihr plötzlich ein dringend benötigtes Medikament. Da Jill ihre Mutter aber gleichzeitig liebte und bewunderte, sah sie sich der ungeheuren Versuchung ausgesetzt, sich dauerhaft an sie zu binden. Wenn sie daran dachte, sich in die Welt hinauszuwagen und Dinge zu tun, die sie allein interessierten, bekam sie große Schuldgefühle.

Noch komplizierter wurde die Sache dadurch, daß die Mutter ihr wahrscheinlich nicht nur dankbar war, sondern sich sicher auch über ihre eigene Hilflosigkeit und Abhängigkeit von Jill ärgerte und ein schlechtes Gewissen hatte, weil sie ihr im Weg stand. Und wahrscheinlich ärgerte sie sich auch unwillkürlich über Jill, weil diese einen so großen Einfluß auf ihr Wohlbefinden hatte. Bei Streitigkeiten erinnerte sie Jill häufig daran, daß Menschen manchmal durchdrehten und schreckliche Dinge taten, die man nicht verzeihen konnte. Diese Drohung mit Liebesentzug setzte jedem Streit ein Ende; wer mochte sich noch seine Unabhängigkeit erkämpfen, wenn das bedeutete, eine so besondere und bedeutende Bindung aufzugeben?

Um das zu vermeiden, zog Jill sich in solchen Situationen zurück. Doch wenn sie an die Opfer dachte, die sie ihrer Mutter brachte, konnte sie nicht umhin, über deren Drohung wütend zu werden. Als Reaktion darauf benutzte die Mutter ihre Krankheit, um sich aus der Verantwortung zu stehlen: Sie behauptete, Jill würde sie mit ihrer Wut noch »umbringen«. Doch da Jill ihr schon so lange treu ergeben war, wie konnte sich die Mutter daraufhin nicht schuldig fühlen? So schraubte sich die Spirale aus Loyalität und Verrat, Wut und Schuldgefühlen immer höher.

Im späteren Leben neigte Jill dazu, sich Männer auszusuchen, die mit problematischen Gefühlszuständen wie Depressionen zu kämpfen hatten, bei denen sie ihnen beistehen mußte. Auf jedes Anzeichen, daß Jill sich vielleicht von ihnen entfernen und ihre Unabhängigkeit suchen könnte, reagierten ihre Partner extrem empfindlich. Wie zuvor Jills Mutter waren sie ebenfalls wütend, weil sie insgeheim eine Trennung befürchteten, und drohten ihr deshalb im Gegenzug damit, die Beziehung einseitig zu beenden. Als Reaktion auf die ständige Wiederholung dieses Beziehungsmusters war Jill mehrfach kurz davor, alle Bindungen abzuwerfen und sich allein durchzuschlagen, hart und unabhängig zu werden und sich nicht mehr auf einen anderen Menschen einzulassen. Doch ihre Angst vor Einsamkeit und den eigenen depressiven Stimmungen sowie ihre Unfähigkeit, ihre inneren Gemütszustände wirksam zu regulieren, hielten sie in ihren problematischen Bindungen fest.

Im Gegensatz dazu waren Roberts frühkindliche Erfahrungen von Wettkampfstimmung geprägt: Wer blieb am längsten emotional gleichgültig und unberührt, wer hatte sich unter Belastung am besten unter Kontrolle, wer verlor bei welchem Anlaß die Nerven – seine Mutter oder er? Es kam häufig vor, daß Robert von der Mutter aufgefordert wurde, seine Sachen zu packen und von zu Hause fortzugehen. Häufig brachte sie ihn sogar noch selbst zur Tür. Während Robert in solchen Situationen bei Tage noch ein tapferes Gesicht aufsetzte, als sei er ganz froh, von zu Hause wegzukommen, fand er sich manchmal bei Einbruch der Dunkelheit in einiger Entfernung wieder, hungrig, müde und einsam.

Da konnte er nicht länger so tun, als machte es ihm nichts aus. Frustriert begann er zu weinen und kehrte dann erniedrigt zur Mutter zurück, die nicht einmal zugab, daß sie froh oder auch nur erleichtert war, ihn wohlbehalten wiederzusehen.

Blieb er hingegen zu lange fort, verlor sie manchmal selbst die Kontrolle und fuhr mit dem Auto los, um ihn zu suchen. Wenn sie ihn fand, weinte sie auf der Heimfahrt und brüllte ihn an. In solchen Situationen quälte Robert sie oft noch zusätzlich, indem er drohte, aus dem fahrenden Auto zu springen – wenn sie auf diese Drohungen mit noch größerem Ärger und Kummer reagierte, interpretierte er dies als Zeichen dafür, daß er ihr doch nicht völlig gleichgültig war. Schon bald hatte er von ihr gelernt, wie man andere Menschen provozierte und dann zugleich verächtlich und fasziniert beobachtete, wie sie um Fassung rangen, während man selbst kühl und seelenruhig dastand, ohne eine Miene zu verziehen.

In Wirklichkeit waren Robert andere Menschen extrem wichtig, und er gab sich oft die größte Mühe, ihnen zu gefallen und sich zu vergewissern, daß sie ihm gewogen waren. In der therapeutischen Beziehung zu mir würdigte er meine Fähigkeit, meine Reaktionen ihm gegenüber zu verbergen, sei es nun mein Lachen über seine humorvollen Bemerkungen oder mein Ärger über seine gelegentliche Kritik an meiner Kleidung oder meinem Haarschnitt. Er fand es faszinierend zu erforschen, ob ich hinter meiner scheinbar gelassenen Fassade etwas fühlte, fürchtete sich aber gleichzeitig davor, daß ich meine wirklichen Emotionen – oder auch nur die Tatsache, daß ich überhaupt welche hatte – enthüllen und er dadurch vielleicht seinen Respekt verlieren könnte. Eine weitere Folge seiner Emotionen-Maskerade war, daß Robert nie sicher war, daß andere ihm die Wahrheit sagten. Nur wenn er ihnen ins Gehirn schauen und ihre Gedanken lesen könnte, würde er wirklich wissen, wer sie waren und was sie von ihm hielten.

Interessanterweise hatte jeder meiner Patienten während der Therapie auch Träume, die sich um Themen der Gefühlskontrolle drehten. Michael träumte zum Beispiel einmal, daß er sein Auto in die Werkstatt bringen mußte, weil das Gaspedal nicht reagierte. Nach gründlicher Untersuchung versicherte ihm der Mechaniker, alle Einzelteile seien vorhanden und funktionierten, jedoch habe sich ein Draht gelockert und eine Verbindung durchtrennt, so daß das Gaspedal auch auf den kräftigsten Druck nicht reagierte. Der Mechaniker versicherte Michael, es sei nicht so schlimm, daß das Gaspedal nicht repariert werden könne.

Michael deutete den Traum als Reaktion auf seinen Mangel an Kontrolle über seine positiven wie auch seine negativen Gefühle. Wenn das Auto ihn selbst darstelle, argumentierte er, dann sage ihm der Traum, daß er auch beim kräftigsten Tritt aufs Gaspedal nicht in Gang komme, weil ihm eine bestimmte Verbindung fehle. Deshalb bleibe er mit vielen unerfüllten Wünschen und Phantasien auf der Strecke. Solange er immer nur im Leerlauf stehenbleibe, seien diese Tagträume ungefährlich: Auch wenn der Leerlauf ihm das Gefühl gebe, in der Welt nichts bewirken zu können, sei dies doch zugleich die einzige Form der »Bewegung«, bei der er sicher sein könne, daß seine Gefühle – vor allem seine Wut – nicht ans Tageslicht kämen. Wenn man nicht sicher sein könne, daß das Auto nicht plötzlich davonschieße und gegen die nächste Mauer fahre, sei es vielleicht besser, meinte er, wenn man gleich im Leerlauf stehenbleibe. Doch dafür verzichte man auf die erregende Freude und den Übermut, den man verspürt, wenn man in einem hohen Gang durchs Leben braust. Kein Wunder, daß Michael darüber klagte, sich ein Großteil der Zeit ausgelaugt und leer zu fühlen.

Was meine Patienten über ihre Erwachsenenbeziehungen berichteten, und die Beziehungsmuster, die sie mir gegenüber zeigten, waren auf vielfache Weise verknüpft mit ihrer Fähigkeit zur Modulation ihrer Stimmungen und zum Erleben unterschiedlicher Gefühlszustände. Doch während jeder von ihnen ein anderes Thema zu bearbeiten hatte, galt für alle gleichermaßen, daß sie ihre negativen, ungezügelten Gefühle nicht effektiv regulieren konnten. Weil ihre Lebenseinstellung von solchen negativen Gefühlen wie Scham, Wut und Angst gefärbt war, gelang es ihnen nicht, eine optimistische Haltung zu entwickeln.

In den beiden ersten Lebensjahren entwickeln sich unsere emotionalen Regelkreise durch mütterliche Affektabstimmung und positive Verstärkung, dann folgt der Riß-Reparatur-Zyklus und später die Fähigkeit, über Gefühlszustände und ihre Motivation zu sprechen. Problematische Beziehungsmuster in dieser frühkindlichen Phase und Verwerfungen in unseren zwischenmenschlichen Landschaften können dazu führen, daß wir die emotionalen Zustände, die unser Innenleben bestimmen, nur schwer unter Kontrolle bringen.

Wer bis hierhin aufmerksam gelesen hat, dem wird nicht entgangen sein, daß die *Geschichten*, die meine Patienten aus ihrer Kindheit erzählen, ihren erwachsenen Beziehungen ähneln, und nicht etwa, daß der *tatsächliche Verlauf* ihrer Kindheit für die späteren Beziehungsmuster verantwortlich war. Unter Psychologen hat es eine lange Debatte über die Frage gegeben, ob pathologische Verläufe auf tatsächliche traumatische Kindheitserfahrungen zurückgehen oder ob es allein unsere inneren Triebe sind, die von Anfang an unsere Wahrnehmung anderer Menschen und die Internalisierung unserer Beziehungen beeinflussen beziehungsweise verzerren. All jene Psychologen, die für die erste Erklärung plädieren, gehen davon aus, daß das Empathieversagen früher Bezugspersonen Emotionen wie Wut und – als eine Art ›vergiftende‹ Wirkung dieses Versagens – die damit verbundenen negativen Selbst- und Fremdbilder zur Folge hat. Dagegen behaupten Psychologen der Freudschen Schule, daß zum Beispiel der Aggressionstrieb von Natur aus alle menschlichen Beziehungen beeinflußt.

Doch aus beiden Modellen läßt sich leicht die Synthese bilden, daß fehlende Empathie in frühkindlichen Beziehungen, zum Beispiel ein nicht geheilter Beziehungsriß, im Kind Gefühlszustände der Scham oder der Wut hervorrufen kann, die dann – aufgrund der im zweiten Kapitel dargestellten Stimmungskongruenz-Effekte – die Gedanken und Gefühle beeinflussen, die das Kind zu sich selbst und anderen Personen entwickelt. Überdies sind die in der Kindheit internalisierten Repräsentanzen wahrscheinlich eine Kombination aus wirklichen Erfahrungen und dem, was unsere Phantasien und Gefühle aus diesen Erfahrungen gemacht haben. Die sich entfaltenden Beziehungsmodelle wirken dann wahrscheinlich wie eine Linse, durch die unsere Wahrnehmung künftiger Interaktionen gefiltert wird, ebenso wie unsere Wahrnehmung der Welt um uns herum durch unsere gegenwärtige Emotionslage gefärbt wird. Das heißt also, unsere Internalisierungen über uns selbst und andere sind nicht nur ein Archiv vergangener Beziehungen und der auf diese einwirkenden Phantasien, sondern auch eine formende Kraft unserer zukünftigen Beziehungen, da sie uns Informationen darüber vermitteln, was wir von anderen erwarten können.[3]

Vor dem Hintergrund dieser Wechselwirkungen zwischen Realität und Phantasie, eingeprägtem Muster und gegenwärtiger Wahrnehmung sei darauf hingewiesen, daß sich zwischen einem bestimmten Ereignis in der Vergangenheit und einer bestimmten psychischen Störung in der Gegenwart keine direkte Kausalität herstellen läßt. Ich kann also Michaels heutige Freudlosigkeit nicht notgedrungen auf das Fehlen der Verstärkung positiver Gefühle in seiner Kindheit zurückführen – dazu spielen einfach zu viele Faktoren in der menschlichen Entwicklung eine Rolle. Eine depressive Mutter mag zum Beispiel die positiven Gefühle ihres Kleinkindes nicht verstärken, doch wenn aus diesem Kind ein freud- und teilnahmsloser Erwachsener wird – ist dann jenes die Ursache von diesem, oder spiegeln sich in dem Verhalten des Erwachsenen lediglich die von der Mutter geerbten depressiven Tendenzen? Zudem ist ja erwiesen, daß die kortiko-limbischen Schleifen, unser wichtigster Regelkreis für Emotionen und Selbstachtung, sich in den ersten beiden Lebensjahren entwickeln, also noch vor unserem Sprach- und Erinnerungsvermögen. Deshalb haben wir weder Worte für noch explizite Erinnerungen an die wiederholten Interaktionen, die dafür verantwortlich sind, wie wir unsere Emotionen regulieren und uns zu anderen verhalten.

Obwohl es also schwierig, wenn nicht gar unmöglich ist nachzuweisen, daß bestimmte frühkindliche Interaktionen im späteren Leben bestimmte Konsequenzen haben, wissen wir doch, daß die Art und Weise, wie wir uns im Beziehungskontext verhalten und unsere Emotionszustände regulieren, in den ersten beiden Lebensjahren entstehen. Manche Erwachsene scheinen sich zum Beispiel den Ausdruck all ihrer Gefühle, ob positiv oder negativ, vollkommen abgewöhnt zu haben. Sie sind selten besonders wütend aber auch kaum je richtig glücklich. Häufig lauert hinter ihrer emotional distanzierten Fassade die Angst, überwältigt zu werden, die Angst, ihr fester Gefühlsdamm bekäme Risse, wenn sie sich auch nur die kleinste Gefühlsregung erlaubten, und eine wahre Flut von Gefühlen bräche über sie herein.

Ein solcher Stil des »Emotionsmanagements« zeigt sich schon bei zweijährigen Kindern, die man deshalb »vermeidend gebunden« nennt. Trennt man solche Kinder von der Mutter, verbergen sie ihren Kummer und protestieren oder weinen nur selten. Bei der Rückkehr der Mutter scheinen sie weder Trost bei ihr zu suchen noch sich besonders zu freuen. Vielmehr ignorieren sie sie meist ganz und verhalten sich gleichgültig. Diese vermeidende Form der Bindung ist eine besondere Strategie der Gefühlsregulation: Wahrscheinlich als Reaktion auf ein Elternteil, das auf den Ausdruck sowohl positiver als auch negativer Gefühle intolerant reagiert, lernt das Kind sich so zu verhalten, als hätte die Gegenwart wichtiger Bezugspersonen wenig oder gar keine Wirkung auf es.[4] Jedoch zeigen erhöhte Werte des Streßhormons Kortisol, daß das Kind in Wirklichkeit in größerem inneren Aufruhr ist und dadurch belastet wird.[5]

Als Erwachsene wirken Menschen, die diese Art des Umgangs mit Emotionen entwickelt haben, meistens frostig, distanziert und schwer beeindruckbar. Sie haben gelernt, ihre Emotionen so wirksam überzuregulieren, daß sie keine mehr zu haben scheinen. Wenn Sie daran denken, wie sehr Optimismus durch intensive positive Gefühle verstärkt wird, können Sie sich ungefähr vorstellen, welch ungeheure Einschränkung diese emotionale Distanzierung und das Verkümmern positiver Gefühle für die Optimismusfähigkeit im späteren Leben bedeuten. Auch die Beziehungsmuster von Michael und Robert zeigen zum Teil diesen Stil der vermeidenden Bindung.

Ein weiterer Bindungsstil beziehungsweise eine andere Strategie der Gefühlsmodulation wird als »ambivalente Bindung« bezeichnet. Wenn die Bezugsperson das Zimmer verläßt, drücken solche Kinder ihre Gefühle laut aus und zeigen übertriebene Anzeichen für Kummer. Bei ihrer Rückkehr protestieren sie wütend, klammern sich aber zugleich an sie als Ausdruck des Bedürfnisses nach Trost und Beruhigung. Das Einhergehen dieses Bedürfnisses mit wütendem und lautstarkem Protest scheint sich im Zusammenhang mit frühkindlichen Beziehungen entwickelt zu haben, in denen die Eltern nur gelegentlich auf den Ausdruck der kindlichen Emotionen reagierten und den negativen Gefühlen mehr

Aufmerksamkeit schenkten als den positiven. Erwachsene mit ambivalentem Beziehungsverhalten wirken oft übertrieben emotional. Ihr klammerndes, aber wütendes Verhalten scheint zu sagen: »Ich hasse dich. Du verläßt mich und befriedigst meine Bedürfnisse nicht, aber bitte, bitte verlaß mich nicht.« Ihre Schwierigkeiten liegen eher in der ungenügenden emotionalen Regulierung, der Unfähigkeit, Emotionen und ihren Ausdruck angemessen zu dosieren. Jills typische Verhaltensmuster zeigen einige Elemente dieses ambivalenten Bindungsverhaltens.

Im Gegensatz zu diesen Bindungstypen entwickeln Kinder, deren Bezugspersonen gute »Lehrer der Gefühle« waren, das Muster einer sicheren Bindung, in der sie ihren Kummer und ihr Trostbedürfnis ohne Übertreibung offen zeigen können. So werden sie wirksam getröstet und zeigen in ihren Interaktionen mit den Bezugspersonen nur einen begrenzten Anteil an Wut und Streßgefühlen. Mit anderen Worten, weder überregulieren sie ihre Gefühlszustände wie vermeidend gebundene Kinder, noch unterregulieren sie sie wie ambivalent gebundene Kinder.

Langzeituntersuchungen von Kindern im Alter von einem Jahr und dann im Alter von zwanzig Jahren ergaben, daß rund zwei Drittel der sicher und vermeidend gebundenen Kinder diese Eigenschaft bis ins Erwachsenenalter bewahrten, während nur rund die Hälfte der ambivalent gebundenen Kinder diesen Stil auch später beibehielten – vermutlich weil sie in der Zwischenzeit gelernt hatten, den Ausdruck ihrer zuvor unterregulierten Gefühle besser zu steuern.[6]

Erwachsene, die in der Kindheit vermeidend gebunden waren, neigten dazu, emotionale Interaktionen abzuwehren. Ihre Berichte aus der Kindheit waren sehr distanziert, sie vermochten sich nur an wenige Details zu erinnern und zeigten dabei kaum Gefühle. Dagegen schienen die als Kind ambivalent gebundenen Versuchspersonen noch immer von ihren Erinnerungen an ihre häufig traumatische Kindheit in Anspruch genommen zu sein und wirkten bedrückt. Mit anderen Worten: Selbst im Erwachsenenleben zeigte sich sowohl die Tendenz zur Überregulierung, so daß scheinbar keine Gefühle vorhanden waren, als auch zur Unterregulierung, so daß die Betroffenen immer noch von ihren Gefühlen aus der Vergangenheit überwältigt wurden. Dies galt auch für die sicher gebundenen Kinder: Sie waren imstande, zusammenhängende und ausgeglichene Berichte aus ihrer Kindheit zu geben und eine Vielfalt von damit verbundenen positiven und negativen Gefühlen zu beschreiben und zu empfinden. Solche effektiv regulierenden Erwachsenen bezeichnet man als *autonom*.[7]

Überdies deuten Forschungsergebnisse darauf hin, daß Eltern ihren Bindungsstil häufig an ihre Kinder weitergeben. Bei einer Untersuchung befragte man werdende Mütter nach der Art ihrer Bindung an ihre früheren Bezugspersonen und beobachtete die Kinder dieser Mütter im Alter von einem Jahr. Anhand des Bindungsstils der Mütter ließ sich der Bindungsstil vorhersagen, den ihre Kinder schließlich entwickeln würden.[8] Die Weitergabe des Bindungsstils von einer Generation zur nächsten sollte man aber immer als eine Kombination aus genetischer Veranlagung und frühkindlichen Erfahrungen begreifen. Gegen die Auffassung einer rein genetischen Ursache spricht nämlich der Nachweis, daß sich ändernde Umweltfaktoren den Bindungsstil beeinflussen.[9]

Wenn es nun in der frühen Kindheit vor allem darum geht, die Emotionen zu schulen, so überrascht es kaum, daß wir jene Lektionen lernen, die uns unsere »Lehrer der Gefühle« mitzugeben haben. So hat sich denn auch in Untersuchungen gezeigt, daß Mütter von vermeidend gebundenen Kindern wenig auf deren Gefühle eingehen, am wenigsten aber auf deren negative Gefühle. Sie neigen vielmehr dazu, diese zu verbieten, die Kinder aber auch nicht in positiven Emotionen zu bestärken. So tragen sie dazu bei, den Ausdruck *aller* Gefühle zu vermindern. Dagegen reagieren Mütter von ambivalent gebundenen Kindern am stärksten auf negative Emotionen, gehen allgemein aber nur unbeständig auf Gefühle ein. Dieses mütterliche Reaktionsmuster scheint den dramatischen, lauten und unterregulierten Gefühlsausdruck zu fördern, der dann bis ins Erwachsenenalter anhält. Mütter von sicher gebundenen Kindern reagieren auf ein breiteres Spektrum positiver und negativer Gefühle als Mütter von unsicher gebundenen Kindern. Sie lehren sie also, eine Vielzahl von Gefühlen selbst zu erfahren und zu tolerieren.[10] – Meine Beschreibung dieser differenzierten Reaktionsmuster zielt im übrigen nicht darauf ab, der Mutter die Schuld zu geben, weil sie nicht die Lehrerin war, die man sich gewünscht hätte.

Trotz der in der Kindheit verwurzelten unterschiedlichen Verhaltensmuster, die Michael, Jill und Robert im Umgang mit anderen Menschen zeigten, haben sie doch eine entscheidende Eigenschaft gemeinsam: Sie

haben kein System der Stimmungsmodulation ausgebildet, das es ihnen ermöglichen würde, sich von den
›emotionalen Unterrichtsstunden‹ bei der Mutter zu
emanzipieren. Sie sind immer noch auf pathologische
Weise an die Muster der Vergangenheit gebunden. Statt
aus ihrem Umgang mit dem Elternteil als »externem
Emotionsratgeber« ein Selbst als »effektiven internen
Stimmungsmanager«zu entwickeln, wie es im günstig-
sten Fall geschieht, verblieben sie in einem Zustand, in
dem die internalisierten problematischen Selbst- und
Fremdporträts und die damit verbundenen Gefühlszustände ihre Fähigkeit beeinträchtigen, ihre Stimmungen
selbständig zu modulieren.

Die Beziehungsbande der frühen Kindheit werden also wirklich sehr fest geknüpft. Sie verbinden bestimmte Selbst- und Fremdbilder mit bestimmten Emotionszuständen und damit unsere Emotionen mit unserem
Verhalten gegenüber anderen. Die Art, wie diese Bilder
von Beziehungen mit den Emotionen verbunden sind,
entscheidet darüber, ob wir autonome Erwachsene werden, die ihre Gefühle und ihre Selbstachtung gut regulieren können.

Im nächsten Kapitel werden wir sehen, was passiert,
wenn dies nicht geschieht: Noch als Erwachsene lassen
wir uns dann von anderen Menschen dabei helfen, unsere inneren Zustände zu regulieren und unsere Selbstachtung zu etablieren. Durch diese anhaltende Abhängigkeit geben wir nicht nur unsere Selbstkontrolle auf,
sondern sehen uns auch vor der unerfüllbaren und fru-
strierenden Aufgabe, die anderen zu kontrollieren, um
uns selbst ein angenehmes Wohlgefühl zu sichern. Während eine gute emotionale Versorgung in der Kindheit

uns die Insel eines stabilen Selbst verschafft und uns für ein autonomes Erwachsenenleben rüstet, kann eine weniger gute Versorgung dazu führen, daß wir uns statt dessen auf einer Halbinsel wiederfinden, die uns über problematische Landbrücken von anderen Menschen abhängig macht.

Im folgenden Kapitel gebe ich einen ausführlichen Einblick in die ständig wechselnden emotionalen Zustände meiner Patientin Isabel. Ich werde zeigen, welch hohen Preis wir dafür zahlen, daß wir anderen bestimmte Reaktionen entlocken müssen – daß wir unsere Interaktionen mit ihnen so gestalten müssen, daß sie die Mängel unseres Selbstregulierungssystems ausgleichen. Am Ende eines solchen Prozesses sehen wir nicht nur das Glas als halb leer, sondern auch uns selbst.

SECHSTES KAPITEL

Das halbleere Selbst

»Im Traum suche ich in einem Laden nach einem bestimmten dänischen Haarpflegemittel, das aus Bier hergestellt wird. Ich wußte, daß es Verschwendung war, eine unnötige Ausgabe, aber ich mußte es einfach haben. Meine Haare sind nämlich das Beste an mir. Ich hatte das Bild der Pflegespülung genau vor Augen – Hochglanzetikett, elegante Flaschenform –, aber ich wußte, daß es im Gegensatz dazu mit ihrem Inhalt nicht weit her war, weil die Flasche schon beim Kauf halb leer ist. Aber das war mir egal. Ich wollte das Mittel unbedingt haben, koste es, was es wolle. Die Verkäuferin meinte, sie führten diese Marke nicht, und sie könne mir ohne Ausweis kein Bier verkaufen. Aber sie bot mir ein Pflegemittel zum Selbstanrühren an. Ich wußte, daß sie recht hatte, daß ich das auch selbst hinkriegen müßte, aber als ich aufwachte, war ich trotzdem enttäuscht und frustriert.«

»Ich glaube, mein erster Gedanke über den Traum war«, begann meine Patientin Isabel, »daß meine Haare das Beste an mir sind. Und das stimmt auch. Sie sind das einzige, was mir an mir so richtig gefällt – das einzige, was so ist, wie es sein sollte. Das finde ich ziemlich deprimierend, denn schließlich haben meine Haare nur wenig damit zu tun, wer ich im Innersten bin. In meinem Traum merke ich, daß ich alles tun würde, nur um schönes Haar zu bekommen. Gebt mir eine halbleere Flasche, beutet mich aus, es ist mir alles egal, solange ich nur bekomme, was ich brauche. Ich muß aber zugeben, daß ich beim Aufwachen ziemlich entsetzt darüber war, daß ich ausgerechnet von Bier geträumt hatte. Würde ich wirklich einen Rückfall riskieren, nur um schönes Haar zu bekommen?«

Beim Zuhören werde ich allmählich unruhig. Was hat es nur auf sich mit diesem dänischen Zauberelixier, dieser Pflegespülung, daß sie diese schöne Frau – eine begabte Künstlerin, die hart um ihre dreijährige Alkoholabstinenz gerungen hat – so zur Verzweiflung bringen kann? Außerdem macht es mich schon ein bißchen sauer, daß Isabel nach zwei Jahren Therapie bei zwei Sitzungen pro Woche überhaupt noch auf die Idee kommt, ihre Haare seien das Beste an ihr. Es ist, als kritisiere sie jemanden, den ich kenne und gern mag, und immerhin ist sie dieser Jemand. Ich bin versucht, sie gegen ihren eigenen Angriff zu verteidigen, halte mich aber vorerst zurück.

Sie fährt fort: »An dem Traum fällt sonst noch auf, daß die Flasche halb leer ist. Das ist ein Zeichen dafür, daß ich verschwenderisch und wohl auch ein bißchen bescheuert bin, weil ich ein angeblich edles Markenprodukt kaufe, bei dem sich dann herausstellt, daß es schon halb verbraucht ist. Oder daß es vielleicht erst gar nicht ganz gefüllt wurde.«

Aus diesem Traumbild der halbleeren Flasche entsteht vor meinem inneren Auge allmählich ein vertrautes Bild von Isabel. »Es hört sich so an, als sei das nur eine Variante von Ihrem Selbstbild, über das wir schon gesprochen haben. Sie haben glänzendes, gepflegtes Haar, aber darunter kommen Sie sich vor wie eine Mogelpackung, wie etwas, an dem andere keine richtige

Freude haben. Was die Leute von außen sehen, ist nämlich nicht das, was Sie in Wirklichkeit sind. Die halbleere Flasche ist ein Bild von Ihnen.«

Als Psychiaterin habe ich normalerweise Mitgefühl, wenn einer Patientin die Tränen kommen. Als aber Isabel jetzt stumm zu weinen beginnt, bin ich insgeheim ziemlich verärgert. Das verwirrt mich. Ich überlege, was die Tränen im Kontext unserer Beziehung bedeuten könnten. Sind sie ein Zeichen dafür, daß ich mit meiner Auffassung, die Pflegespülung sei ein Symbol für Isabel, ins Schwarze getroffen habe? Sollen ihre Tränen mir eine Botschaft übermitteln? Plötzlich frage ich mich, ob ich mich vielleicht darüber ärgere, daß Isabel von mir – wie von allen anderen um sie herum – die Zusicherung erwartet, daß ihr Selbstbild von der halbleeren Isabel nicht zutrifft. Vielleicht weint sie keine Tränen der Trauer, sondern Tränen der Wut. Ich fühle mich manipuliert, unter Druck gesetzt, ihr zu sagen, daß ich sie anders sehe. Und die Versuchung ist groß, das auch zu tun, weil es der Wahrheit entspräche.

Doch ich halte erst einmal den Mund. Meiner Auffassung nach ist es das Ziel der Psychoanalyse, die Verhaltensregeln sichtbar zu machen, die gegenwärtig in Isabels kortiko-limbischen Schleifen gespeichert sind. Mein Schweigen kann am Ende dazu beitragen, die subtilen und manipulativen psychologischen Taktiken aufzudecken, mit denen Isabel andere Leute dazu bewegen will, ihr zu jener Selbstliebe zu verhelfen, die sie selbst nicht für sich aufbringt. Die gute Nachricht lautet, daß Isabel in Wirklichkeit nicht halb leer ist, auch wenn sie sich im Augenblick so fühlt. Die schlechte

Nachricht lautet freilich, daß ihr die Substanz, mit der sie gefüllt ist, vielleicht nicht gefallen wird ...

»Ich bin wahrscheinlich einfach eine hoffnungslose Pessimistin«, seufzt Isabel schließlich resigniert. »Sie haben recht – *ich* fühle mich halb leer. Vielleicht ist das ein Selbstbild, das ich nie verändern kann. Das *wir* nie verändern können.«

Bei einem positiven Verlauf der frühkindlichen Beziehungen, die die Struktur unserer kortiko-limbischen Schleifen formen, entwickeln wir die Fähigkeit, unsere inneren Zustände effektiv und *autonom* zu regulieren, also ohne dabei auf andere Menschen und unsere Beziehungen zu ihnen angewiesen zu sein. Diese Fähigkeit zur Stimmungsmodulation beeinflußt wiederum unser Bild von uns selbst. Wenn wir mehr Zeit in positiven, angenehmen Gefühlszuständen verbringen, wird unser Selbstbild eher von Emotionen wie Glück und Zufriedenheit bestimmt. Erleben wir dagegen häufig und länger negative Zustände wie Angst und Wut, dann beeinträchtigen diese Emotionen unsere Selbstachtung. Und diese wird letztlich bestimmt durch das affektive Selbstporträt, die Repräsentanz unser selbst, die von den vorherrschenden Stimmungsfarben getönt ist.

Wenn also bestimmte elterliche Reaktionen in der frühen Kindheit uns in unregulierten, unangenehmen Emotionszuständen zurücklassen, führt dies schließlich zu geringer Selbstachtung – zu einem affektiven Selbstbild, das von negativen Gefühlen gefärbt ist. Und wenn wir die negativen inneren Zustände und unser Selbstbild nicht selbst regulieren können, müssen wir uns dazu der Hilfe anderer Menschen bedienen. In der frühen

Kindheit ist diese Hilflosigkeit normal und akzeptabel; problematisch wird es erst, wenn es sich später nicht ändert. Dann sind wir noch als Erwachsene für unsere Selbstachtung von den Reaktionen anderer abhängig, müssen ihnen bestimmte Verhaltensweisen abverlangen, die uns ein gutes Gefühl uns selbst gegenüber vermitteln. Statt ein eigenes System zur Regulation unserer Stimmungen und unserer Selbstachtung internalisiert zu haben, müssen wir, um uns wohlfühlen zu können, andere Menschen unter unsere Kontrolle bringen. Weil uns aber diese Manipulation der anderen am Ende nicht oder nicht vollständig gelingt, wird diese Methode der Stärkung des Selbstbewußtseins langfristig keinen Erfolg haben.

Die Psychotherapie erlaubt es uns, die subtilen Strategien zu verstehen, mit denen wir das zu erreichen versuchen. Dabei dient die therapeutische Beziehung, die als beispielhaft angesehen wird, als eine Art Labor, in dem die Folgen unseres Bildungsstils und unserer Art des Emotionsmanagements untersucht werden.

Meine Irritation angesichts von Isabels Tränen in dieser Sitzung ist für mich ein Hinweis darauf, daß sie mich zu beeinflussen versucht, damit ich auf eine bestimmte Art reagiere. Statt ihr aber nachzugeben und die für mich vorgesehene Rolle zu spielen, helfe ich ihr zu verstehen, warum sie darauf angewiesen ist, daß manche Menschen für sie bestimmte Rollen spielen. Warum muß ich ihr zum Beispiel bestätigen, daß nicht ihre Haare das Beste an ihr sind oder daß ihr Selbst ungeachtet ihres Traums nicht halb leer ist? Warum kann sie sich diese Bestätigung nicht selbst geben?

Während ich noch überlege, sitzt Isabel wie ein

Häuflein Elend im Sessel. Offensichtlich wartet sie auf meine Reaktion. Während ich unser Gespräch bis zu diesem Punkt Revue passieren lasse, wird mir bewußt, daß Isabel, nachdem ich ihr die gewünschte Bestätigung verweigert habe, ihren Einsatz erhöht hat. Nach meiner Aussage, sie sei halb leer, sitzt sie stumm und wie versteinert da; vielleicht streikt sie vorübergehend und weigert sich, an der Aufgabe mitzuwirken, die wir uns gestellt haben. Anschließend gibt sie mir in meiner Einschätzung ihres Traums recht. Doch statt sie als Ermunterung aufzufassen, darüber nachzudenken, wie sie mit anderen umgeht oder was sie von ihnen benötigt, beendet sie die Interaktion mit ihrer Bestätigung. Mit ihrer Behauptung, sie sei eine hoffnungslose Pessimistin und wir könnten daran ohnehin nichts ändern, rächt sie sich dafür, daß ich ihr nicht gesagt habe, was sie hören will.

Auf ihre erste Bemerkung über ihre Haare hatte ich emphatisch reagiert, dann aber beschlossen, ihrem Angriff gegen sich selbst nichts entgegenzusetzen. Doch es ärgert mich, daß sie schweigt und sich dann als ›halbleere‹, unverbesserliche Pessimistin bezeichnet. Ich muß eine Weile überlegen, bis ich merke, woher mein Ärger rührt: Isabel hat mich ein weiteres Mal eingeladen, sie zu bestätigen, vielleicht indem ich wieder größeres Interesse für sie zeige und ihre entmutigende Stimmung mit der fröhlich-optimistischen Bemerkung, wie sehr die Therapie sie schon verändert habe, aus der Welt schaffe. Schließlich wollen ihre Tränen mich aus der Reserve locken. Doch weil Isabel diese Reaktion so offensichtlich provoziert, fühle ich mich manipuliert und werde ärgerlich. Wäre ich eine Freundin oder ein Liebhaber, würde ich als Reaktion auf dieses Gefühl vielleicht selbst auf Rache sinnen, etwa indem ich ihr nachgebe oder das Gespräch beende. Doch als Therapeutin habe ich die Aufgabe, die kleinsten Details unserer Interaktion zu verstehen und eben nicht die für mich vorgesehene Rolle zu spielen.

Nach einem langen, unbehaglichen Schweigen sagt Isabel: »Sie haben bestimmt die Nase voll von mir. Wahrscheinlich würden Sie mich am liebsten rauswerfen.« Sie verfällt wieder in mürrisches Schmollen. Da Isabel selbst die Frage des Rauswerfens anspricht, erscheinen mir mein Gefühl, manipuliert zu werden, und mein Ärger darüber berechtigt. Isabels Aussage, sie sei eine unverbesserliche Pessimistin, ist vielleicht wirklich eine Art Racheversuch für meine fehlende Reaktion auf das von ihr vorgesehene Drehbuch gewesen. Daher beschließe ich, die Dinge wieder in Bewegung zu bringen.

»Ich glaube, Sie möchten von mir hören, daß ich Sie anders sehe«, sage ich. »Ich frage mich, ob Ihre Tränen nicht zum Teil ein Signal an mich waren, zu sagen, daß Sie in Wirklichkeit nicht halb leer sind. Vielleicht wollen Sie von mir die Bestätigung hören, daß Sie innerlich *und* äußerlich schön sind. Und weil ich Ihnen diese Bestätigung nicht gebe, tun Sie sich selbst als Pessimistin ab, die sich nicht ändern kann. Sie rechnen damit, daß ich daraufhin wütend werde und Ihren Fall aufgebe, daß ich Sie loswerden will und Sie hinauswerfe. Das Problem liegt aber meiner Ansicht nach nicht darin, daß Sie eine hoffnungslose Pessimistin oder unfähig zur Veränderung wären, sondern daß Sie sich nicht auf Ihre inneren Fähigkeiten verlassen können, die eigenen Gefühle zu kontrollieren. Wenn Sie in diese Gefühlszustände geraten, in denen Sie sich selbst nicht leiden können, dann müssen sie mich oder andere Menschen dazu benutzen, um da wieder herauszukommen. Sie sind darauf angewiesen, uns anderen die Bestätigungen zu entlocken, daß Sie ein guter und liebenswerter Mensch sind, weil dieses äußere Selbstbild Sie aus Ihrer jämmerlichen, deprimierten Stimmung befreit. Das Dilemma ist aber, daß Sie sich nie längere Zeit gut und liebenswert finden werden, wenn Sie ständig andere dazu bringen müssen, Sie mit Komplimenten zu trösten. Sicher kann ich das vorübergehend leisten, doch letztendlich führt Ihr Bedürfnis, andere Menschen zu manipulieren und aus ihnen Selbstbestätigung zu ziehen, dazu, daß Sie sich schlecht vorkommen. Dieses negative Gefühl zerstört letztlich die Bestätigungen und Komplimente wieder und läßt Sie halb leer zurück – so daß Sie wieder von vorn anfangen müssen.« Ich halte inne, um zu sehen, was Isabel mit meinen Bemerkungen anfangen wird.

Isabel reagiert, indem sie sich erneut auf unsere Aufgabe konzentriert: »Auf dem Weg hierher habe ich mich gefragt, was die Mischung aus Haarpflegemittel und Bier in meinem Traum wohl zu sagen hatte. Ich dachte, vielleicht macht die Spülung mit meinem Haar das gleiche, was das Bier früher mit meiner Stimmung gemacht hat. Also, das Mittel macht meine Haare weich und glänzend. Und das Bier hat mein Selbstbild widerstandsfähiger gemacht, hat mich emotional ausgeglichener gemacht. Wenn ich betrunken war, hatte ich einfach weniger Angst und Selbstzweifel. Der Alkohol war so etwas wie ein Schmiermittel, das verhindert hat, daß sich meine innere Gangschaltung festfraß; er war das Motoröl meiner Emotionen. Ich konnte meine Gefühle damals einfach nicht anders unter Kontrolle behalten. Zumindest wußte ich mir nicht anders zu helfen, als sie ganz abzutöten, wenn sie mich zu erdrücken drohten. Wahrscheinlich bin ich hier bei Ihnen nur gelandet, weil ich mit dem Trinken aufgehört habe. Weil ich ohne Alkohol eine einzige offene Wunde in meinem Inneren hatte. Außerdem kommt es mir so vor, als ob ich, wie in dem Traum, gar keine eigene Identität hätte.«

Die Tatsache, daß Isabel wieder beginnt, ihren Traum zu interpretieren und sich zu fragen, was er über ihre Art des Umgangs mit anderen und ihre Art der Regulation ihrer Emotionen aussagt, zeigt mir, daß ich mit meinen Bemerkungen nicht nur richtig lag, sondern uns damit auch aus einer Sackgasse befreit habe. Indem Isabel mir gegenüber ihre Verhaltensmuster ausagiert, die sie in der Kindheit erlernt hat, erkennt sie, welche Regeln über das Funktionieren von Beziehungen sie verinnerlicht hat.

Doch wie wir gesehen haben, werden diese ursprünglichen zwischenmenschlichen Interaktionen weder explizit erinnert, noch sind sie der Sprache zugänglich, die sich ja erst später entwickelt. Die Regeln für das Zusammenleben werden statt dessen in jenem Teil des Gedächtnisses gespeichert, das wir für andere Prozesse benutzen, etwa wenn wir den Aufschlag beim Tennis oder das Fahrradfahren lernen. Deshalb dient der Therapeut einerseits als Objekt, an dem wir unsere Beziehung erneut durchspielen können – also als Teilnehmender – und andererseits als Beobachter, als eine Art Gefühlstrainer, der uns hilft, die Interaktion in ihre Bestandteile zu zerlegen, ihre Fehlschläge zu verstehen und herauszufinden, wie wir es besser machen können.

Als Isabel sich an die offene Wunde in ihrem Innern erinnert, die sie ohne Alkohol häufig verspürt, kommen ihr die Tränen, und dieses Mal empfinde ich tatsächlich Mitgefühl für sie. Schließlich benutzte sie jahrelang das Bier als eine Art »Pflegespülung« für ihre Stimmungen. Sie hat es zwar inzwischen aufgegeben, aber es ist nichts an seine Stelle getreten. Deshalb fühlt sie sich so unsicher. »Und was ist mit der Verkäuferin in Ihrem Traum, die Ihnen sagt, sie hätte nichts für Sie, und die Ihnen rät, sich das Mittel selbst zu mischen?« frage ich weiter. »Ich glaube, das sind Sie«, sagt Isabel mit einem leisen Lachen. »Sie geben mir nicht, was ich brauche; Sie wollen, daß ich mir selbst helfe, und deshalb bin ich enttäuscht.« Als ich spüre, wie sich ihre Stimmung bessert, wird mir klar, daß ich ihr unwillkürlich geholfen habe, ihre Stimmung und ihr Selbstbild wieder neu zu regulieren. Wir finden beide Gefallen an ihrer Interpretation, ich sei die Verkäuferin in ihrem Traum. Als diese betone ich offenbar, wie wichtig Isabels Unabhängigkeit ist. Ich beharre darauf, sie könne sich ihr Pflegemittel selbst zusammenmixen.

»Das einzige, was schlimmer ist als mein unbewußter Wunsch, Sie zu manipulieren, ist wahrscheinlich das, was passiert, wenn Sie sich weigern«, fährt Isabel fort. »Ich fange gerade erst an zu begreifen, wie wütend und enttäuscht ich bin, wenn ich nicht bekomme, was ich von Ihnen und den anderen haben will. Meine Tränen vorhin und meine Behauptung, ich sei eine Pessimistin, kamen wohl nicht nur aus Trauer, sondern auch aus dem Verlangen, Sie noch ein bißchen mehr unter

Druck zu setzen, damit Sie mir sagen, was ich hören will.«

»Und was wäre das?«

»Ich will hören, daß ich innen *und* außen schön bin. Aber wenn Sie das gesagt hätten, hätte ein Teil von mir gedacht, daß Sie mich ja eigentlich gar nicht richtig kennen, weil Sie meine wütende, manipulierende Seite nicht wahrnehmen. Wenn Sie mich derart frustrieren, zeigt sich plötzlich, welche Ausmaße dieser wütende, manipulative Teil von mir in Wirklichkeit hat. Als Sie nicht gesagt haben, was ich hören wollte, kam mir ein Gedanke, der genau zeigt, wie gemein ich sein kann.« Isabel verstummt und schluckt schwer. Sie wirkt unangenehm berührt und nervös. »Ich dachte nämlich, Ihren Haaren würde meine Pflegespülung auch mal ganz gut tun. Ihre Haare sehen ziemlich stumpf und zerzaust aus.« Wieder steigen ihr Tränen in die Augen. »Also, da will ich nun von Ihnen hören, was für ein netter Mensch ich bin, und wenn Sie es nicht sagen, fange ich sofort an, Sie herunterzumachen und beweise damit doch nur, wie schrecklich ich in Wirklichkeit bin.«

Wenn wir noch als Erwachsene auf die Zuwendung von Fremden oder auch nur Freunden angewiesen sind, damit sie helfen, unsere Emotionen und unser Selbstbild zu regulieren, dann sind wir in dieser Abhängigkeit aus den verschiedensten Gründen zum Scheitern verurteilt. Zunächst einmal – und das ist der wichtigste Grund – *können* wir andere Menschen gar nicht unter unsere Kontrolle bringen. Die meiste Zeit können wir uns nicht auf sie verlassen, weil sie uns entweder nicht helfen *können* oder uns nicht helfen *wollen*. Wie diese ausführliche Schilderung meiner Interaktionen mit Isabel zeigt, sind wir in solchen Fällen allzu oft frustriert oder wütend und haben dazu auch noch ausgerechnet die Person verärgert, von der wir uns eine bestimmte Reaktion erhofft hatten. Somit endet unsere Interaktion vor einer Wand aus beiderseitigem Ärger. Doch selbst wenn wir bekommen, was wir brauchen, wird uns das nicht lange bei Laune halten. Unsere Stimmung muß daraufhin jeden Augenblick neu reguliert werden.

Wer die Menschen um sich herum manipulieren will, ist genauso zum Scheitern verurteilt wie einer, der etwa die Planeten in ihrer Umlaufbahn um die Sonne beeinflussen will. Denn selbst wenn er es nach unendlichen Anstrengungen schaffte, würden die Planeten innerhalb von einer Sekunde wieder in ihre Umlaufbahn zurückkehren und sich seinem Einfluß entziehen. Wenn wir also die gewünschte Reaktion bekommen, wird dieser Gewinn allzu oft von unseren emotionalen Verlusten wieder verschlungen: Das ergatterte Kompliment erfüllt uns nicht so, wie wir gehofft hatten – zum einen, *weil* wir es ergattern mußten, was allein schon seinen Wert herabsetzt. Zum anderen spüren wir insgeheim, daß unser Wohlbefinden auf der Meinung anderer basiert, und neigen gerade deshalb dazu, die Hand zu beißen, die uns füttert.

Diese unterschwellige Undankbarkeit und Wut führen dazu, daß wir noch mehr Grund haben, uns schlecht zu fühlen: Wir sind nicht nur manipulativ und herrschsüchtig, sondern auch noch undankbar. Außerdem ahnen wir, daß wir diesen Teil unserer Persönlichkeit vor den anderen verstecken müssen. Wenn wir das aber tun, lernen sie uns nicht richtig kennen, und deshalb sind uns am Ende sogar ihre unaufgeforderten positiven

Rückmeldungen suspekt. Wir fühlen uns wie Betrüger: Wenn die anderen wüßten, wie wir wirklich sind, fänden sie uns genauso schlecht, wie wir uns selbst finden. Und dieses Gefühl verschlechtert wieder unsere Stimmung: Schließlich könnten sie uns jeden Augenblick auf die Schliche kommen. Dann würden sie uns zwar endlich realistisch sehen, aber würden wir ihnen dann noch gefallen? Dieses innere Gefühl, ›mich zu kennen ist mich zu hassen‹, ist gleichbedeutend mit Selbstverachtung.

Wer die letzten drei Kapitel über die kortiko-limbischen Schaltkreise und deren Entstehung in der frühesten Kindheit sowie über die Probleme gelesen hat, die bestimmte frühkindliche Erfahrungen im späteren Leben verursachen können, mag zusehends den Mut verloren haben. Wenn Optimismus davon abhängt, daß wir in den ersten Lebensjahren die ›richtigen‹ Nervenbahnen im Gehirn entwickeln, kann man dann überhaupt noch etwas tun, da dieser Prozeß ja eigentlich bereits fehlgeschlagen ist? Wenn in ihrer Kindheit eben nicht alles so optimal gelaufen ist, was dann?

Vielleicht sind Sie versucht, Ihrer Mutter die Schuld in die Schuhe zu schieben oder resigniert die Achseln zu zucken. Doch wer so reagiert, zeigt genau die ›Opfermentalität‹, die dazu führt, daß er die Verantwortung für sein Leben aufgibt und somit auch die Fähigkeit verliert, es selbst in die Hand zu nehmen. Und wenn es eine Lehre gibt, die Sie aus dem bisher Gesagten ziehen können, dann doch die – so hoffe ich –, daß wir für eine optimistische Lebenseinstellung Verhaltensweisen finden müssen, die uns das Gefühl geben, daß wir uns selbst und unsere Umwelt im Griff haben.

Im nächsten Kapitel wird es deshalb um die Frage gehen, was Sie persönlich dafür tun können, Ihre Lebenseinstellung – also alles, was Sie über sich selbst und andere denken und fühlen – zu verändern, und auf welche
Weise Sie echte Kontrolle über Ihre Gefühlszustände
gewinnen können. Selbst wenn Sie sich in diesem Augenblick noch halb leer fühlen wie Isabel, können Sie
sich mit ein wenig Anstrengung zu einer vollen Persönlichkeit entwickeln.

SIEBTES KAPITEL

Das halbvolle Glas: So wird's gemacht

Wenn man sich nun also als Erwachsener halb leer fühlt, weil man nach einer unglücklichen Kindheit nicht die optimalen Gehirnschaltungen für eine optimistische Lebenseinstellung entwickelt hat, was ist dann zu tun? Wie kommt ein Pessimist, der seine Einstellung verändern will, zu einem voll entwickelten, autonomen Selbst? Im folgenden gehen wir der Frage nach, wie der Esel I-Ah aus seiner düsteren, pessimistischen Stimmung herausfinden und seinem lebhaften, quicklebendigen Freund Tiger nacheifern kann. Die Antworten, die ich geben werde, basieren zum Teil auf meinen eigenen klinischen Forschungsergebnissen und zum Teil auf einem vertieften Verständnis der Funktionsweise unserer kortiko-limbischen Schaltkreise und der Möglichkeiten, die wir haben, sie vor unseren psychischen Karren zu spannen.

Unsere kortiko-limbischen Reaktionsschleifen helfen uns, Gefühlszustände selbständig zu regulieren, doch ihre Wirkung wird leicht von Störungen wie Depressionen, manischen Depressionen, Panikattacken und anderen Angststörungen zunichte gemacht. Bei solchen Störungen versuchen wir unter Umständen vergeblich, die Funktionstüchtigkeit unserer kortiko-limbischen Schaltkreise zu verbessern, damit wir unsere inneren Zustände wirksamer modulieren können – ebensogut könnten wir versuchen, mitten in einem Taifun auf einem Surfbrett das Gleichgewicht zu halten. Wenn jemand unter einer schweren Form von Fehlregulation leidet, ist es häufig am klügsten – und verspricht den schnellsten Erfolg –, Medikamente zu nehmen, die speziell dafür entwickelt wurden, die Art und Intensität unserer emotionalen Reaktionen wieder in das normale Spektrum zurückzubringen.

Bei chronischer Depression ermöglichen es (fast ausschließlich) Medikamente, die Emotionen auf ein normales Maß oder in ein angemessenes Intensitätsspektrum zurückzufahren. Nach einem solchen Anschub in die richtige Richtung besteht sogar die Hoffnung, daß der Patient sich wieder selbst an die Schalthebel der Macht setzen kann.

An der Columbia-Universität führte ich eine Langzeitstudie an Patienten durch, die in psychotherapeutischer beziehungsweise psychoanalytischer Behandlung waren und von denen sich manche für und manche gegen eine zusätzliche medikamentöse Behandlung entschieden hatten. Bei den Gegnern lagen nicht nur handfeste Stimmungs- und Angststörungen vor, sondern auch eine klinische Indikation für Psychopharmaka. Obwohl eine solche Behandlung in dem Ruf steht, die schnelle und einfache Lösung zu sein, fanden meine Kollegen und ich heraus, daß bei unseren Versuchspersonen gerade die Bereitschaft zur Medikamenteneinnahme mit einer hohen Bereitschaft korrelierte, eine Gesprächstherapie durchzuhalten.

Dagegen waren Patienten, die keine Medikamente nahmen, obwohl sie an substantiellen Depressionen und Angstzuständen litten, offenbar auch nicht bereit, sich dem schmerzhaften Prozeß einer intensiven Gesprächstherapie auszusetzen, kurz: sie gaben auf.[1]

Ähnliches ließ sich auch an einem Experiment mit Ratten beobachten. Als man Ratten mit frühen Trennungserfahrungen in eine Umgebung setzte, in der sie sich entweder in einem Unterschlupf verstecken oder in einem offenen Käfigbereich zwischen Holzschnitzeln nach Cocoa Crispies (offenbar eine Art Ambrosia für Ratten) suchen konnten, wählten sie die erste Möglichkeit. Gab man ihnen aber das Antidepressivum Paxil, suchten sie wie ihre Artgenossen ebenfalls nach den Leckereien. Nach Absetzen des Medikaments flüchteten sie erneut in den Unterschlupf. So kann also auch vielen Menschen, die sich an den »Cocoa Crispies« des Lebens laben wollen, mit Medikamenten geholfen werden.

Diese Ergebnisse überraschen nicht, wenn man bedenkt, daß bei dem Kampf, den der Kortex und das limbische System um die Kontrolle der Stimmungsmodulation ausfechten, das limbische System die ordnende Funktion des Kortex in jedem Fall überwindet. Letzterer gilt zwar sozusagen als »König« des Gehirns, doch die unteren Gehirnregionen sind entstehungsbedingt viel älter, und eine Störung auf der unteren Ebene – wie eine depressive oder eine Angststörung – ist auf höherer Ebene häufig nicht korrigierbar. Wir betrachten den Kortex zwar als höher entwickelt, doch wenn die sogenannten primitiven Gehirnbereiche, die die Atmung steuern, nicht mehr funktionieren, kann auch König Kortex nichts mehr ausrichten. Das untere limbische System hat direkten Einfluß auf die Kerne des Hirnstamms, die den Ausstoß von Noradrenalin, Serotonin und Dopamin regulieren, und wenn dieser Regelkreis gestört ist, gibt es ebenfalls kaum etwas, das mit Hilfe des Kortex allein dagegen unternommen werden kann.

Doch auch unter den Patienten, die eine medikamentöse Behandlung befürworten, gibt es solche, die enttäuscht sind, weil die Medikamente ihre Probleme nicht vollständig lösen. Während Psychopharmaka manchmal unentbehrlich sind, um unsere Stimmungs- oder Angstwerte wieder in den grünen Bereich zu bringen, ist es trotz allem letztlich an uns, für den Feinschliff der Fähigkeiten zu sorgen, mit denen wir unsere Emotionen innerhalb ihrer normalen Grenzen effektiv regulieren können – Arzneimittel können uns das nicht grundsätzlich abnehmen. Dies gilt prinzipiell für uns alle, die wir, wenn auch nicht pathologisch depressiv oder ängstlich, doch gelegentlich unter kurzfristigen Stimmungsschwankungen leiden, die zum Teil auf die Repräsentanzen unseres Selbst und eines anderen zurückgehen, die gerade aktiv sind. Jeder von uns muß wissen, wie man mit Gefühlen wie Trauer, Angst, Scham und Hochstimmung umgeht. Je besser wir verstehen, von welchen inneren Repräsentanzen und äußeren Anlässen diese Emotionen ausgelöst werden, und je mehr wir darüber wissen, auf welche Weise sie unser Bild von uns selbst und der Außenwelt beeinflussen, um so eher sind wir in der Lage, ihre Effekte abzufangen.

Eine optimistische Haltung erlangen wir aber vor allem dadurch, daß wir uns Taktiken aneignen, mit denen wir unsere kortiko-limbischen Schaltkreise – so wie sie sich nun einmal entwickelt haben – zu einer effektiveren Arbeitsweise bewegen. Welche Taktiken das sein können, zeigt uns ein Blick auf die Anatomie des limbischen Systems: Der Mandelkern sitzt ja als eine Art

Wachtposten zwischen dem über ihm ständig ›vor sich hinbrabbelnden‹ Kortex und dem kontinuierlichen Zufluß von Sinnesformationen, die vom Körper und der Außenwelt heraufblubbern. Der kortikale Weg legt uns nahe, daß wir unser Fühlen verändern können, indem wir unser Denken verändern, während der Strom der Sinnesinformationen nahelegt, daß sich das limbische System beruhigen läßt, indem man es mit besänftigenden Empfindungen versorgt.

Die Vorstellung, daß eine Veränderung des Denkens auch die Gefühle verändert, steht in einer altehrwürdigen Tradition, die bis auf Aristoteles zurückgeht. Dieser sagte bereits, daß wir Ereignisse als gut oder schlecht erleben, wenn wir sie als gut oder schlecht bewerten. Mit anderen Worten: Der Kortex ist der große Richter, der darüber bestimmt, wie das limbische System uns die Umwelt spüren läßt. Shakespeare bezog sich ebenfalls auf diese Vorstellung, als er Hamlet sagen ließ: »An sich ist nichts weder gut noch böse, das Denken macht es erst dazu.« Descartes argumentiert in *Die Leidenschaften der Seele,* daß Emotionen im denkenden Teil unserer Persönlichkeit entstehen und von unseren Gedanken kontrolliert werden können. Und Sigmund Freud sprach von einem Reiter, der seinem Pferd die Richtung vorgibt, wobei der Reiter das »Ich« vorstellt (den Sitz der Logik und des Realismus), das Pferd hingegen das »Es« (den Sitz der ungezügelten Aggressions- und Sexualtriebe).[2] Und nicht zuletzt weisen auch zahlreiche psychologische Forschungsergebnisse dem Denken diese Kontrollfähigkeiten zu. Wie muß man nun aber denken, wenn man optimistischer werden will?

Es gibt verschiedene Arten, über ein Ereignis nachzudenken: dabei entweder das Gefühl des Glücks und der Macht zu maximieren oder sich die Zügel der Kontrolle direkt aus der Hand reißen zu lassen.[3] Nehmen wir an, Sie haben Schwierigkeiten mit einem Computerprogramm: Sie bringen es einfach nicht zum Laufen. Selbst ein so einfaches Problem kann − ebenso wie ein unlösbares Anagramm, ein unkontrollierbarer Elektroschock oder unerträglicher Lärm, den wir nicht abstellen können − bewirken, daß wir uns frustriert und hilflos, unfähig und aller Kontrolle beraubt fühlen. Doch ob wir so reagieren oder nicht, hängt vor allem davon ab, welche Erklärung wir für unser Versagen finden und − was vielleicht noch wichtiger ist − was dieses Versagen uns darüber mitzuteilen scheint, wer wir wirklich sind.

Menschen mit einer Tendenz zum Pessimismus können einen positiveren inneren Zustand und das Gefühl der Kontrolle über ihre Welt nicht aufrechterhalten. Wenn also ihr Computerprogramm nicht funktioniert, sagen sie sich: »Computerprogramme funktionieren bei mir *nie*«, und: »Ich habe Probleme mit diesem Programm, weil *alle* Computerprogramme zu schwierig für mich sind.« Und, was am schlimmsten ist, sie neigen zu der Interpretation, daß ihr Versagen ausschließlich an ihnen selbst liegt. Sie denken etwa: »Ich konnte das Programm nicht zum Laufen bringen, weil ich zu blöd dazu bin.«

Doch diese Art der Weltsicht, die die Dinge aus einem globalen Blickwinkel betrachtet und alles unterschiedslos auf sich bezieht, sollte − so würde man annehmen − dem Pessimisten in Fällen zugute kommen, in denen ihm angenehme Dinge passieren. Wenn das Programm funktioniert, müßte er es eigentlich dahingehend deuten, daß er ganz allgemein und auf Dauer Computerverstand besitzt und daß er – und nur er allein – für seinen Erfolg verantwortlich ist. Aber bei Pessimisten wendet sich eben alles nur zum Schlechten: Wenn sie Erfolg haben, macht ihr Denken eine Kehrtwendung, und sie sehen das positive Ergebnis als Folge eines glücklichen Zufalls. Sie erklären es sich also in einer Weise, die seine Aussagekraft vermindert: »Heute hatte ich einfach Glück mit dem Computer«, oder : »Ich komme nur mit diesem einen Programm zurecht.« So begrenzen sie Dauer und Umfang ihrer Kontrollfähigkeiten und halten dadurch gleichzeitig die gute Stimmung, die ihren Erfolg begleiten sollte, in Grenzen. Darüber hinaus machen Pessimisten gerne äußere Faktoren für einen positiven Verlauf verantwortlich: »Ich konnte das Programm bedienen, weil es so benutzerfreundlich ist.« Doch weil Menschen mit Problemen in der Stimmungsregulation sich häufig halb leer fühlen und ihr Selbstbild überwiegend negativ ist, ist ihre Auffassung von Niederlagen und Erfolgen eigentlich logisch. Ihr »schlechtes« Selbst wird vorhersehbar negative Ergebnisse erzielen, während ein gutes Ergebnis dem schlechten Selbst lediglich als Laune des Schicksals erscheint, das es nicht unter Kontrolle hat – wie sollte ein schlechter Mensch denn auch zu einem guten Ergebnis kommen?

Das gleiche gilt für die Gedankenmuster von Menschen, die aufgrund ihrer Fähigkeit zur Stimmungsmodulation optimistischer sind. Wegen ihres vorwiegend positiven Selbstbilds neigen sie dazu, Rückschläge und negative Ereignisse vorübergehenden Umständen und eingrenzbaren Problemen zuzuschreiben. Bei einem Versagen am Computer sagen sie wahrscheinlich eher: »*Heute* hatte ich einen schlechten Tag«, oder: »Ich schaffe es nicht, weil *dieses Programm* zu kompliziert ist.« Im wesentlichen begrenzen sie also ihr Versagen auf etwas Temporäres oder Spezifisches. Außerdem glauben sie meist nicht daran, daß es an ihnen liegt. Statt dessen denken sie: »Das Programm hat nicht funktioniert, weil *es* blöd ist«, oder: »Die Hilfefunktion war mangelhaft.« Erfolge sehen sie dagegen als Folge von positiven und permanent sich entwickelnden Aspekten ihrer Persönlichkeit. So denken sie: »Ich kann eben gut mit Computern umgehen«, oder sagen sich: »Ich kann viele verschiedene Computerprogramme zum Laufen bringen.« Und natürlich neigen sie dazu, sich den Erfolg selbst zuzuschreiben, denn sie glauben: »Ich habe das Programm schnell zum Laufen gebracht, weil ich clever bin.« Mit anderen Worten: Weil sie sich als vorwiegend positiv erleben, sehen sie gute Ergebnisse als Folge des Einflusses ihres erfolgreichen Selbst und schlechte Ereignisse als Launen des Schicksals.

Vor diesem Hintergrund überraschen auch Forschungsergebnisse nicht, nach denen Menschen mit dem von Martin Seligman und seinen Kollegen so genannten ›optimistischen Erklärungsstil‹ positive Eigenschaften als charakteristischer für sich selbst wahrnehmen als negative. Sie erinnern sich schlechter an Situationen, in denen sie versagt haben, als an solche, in denen sie Erfolg hatten, und sehen sich bei verschiedenen Aufgaben im nachhinein als erfolgreicher, als sie ihren Leistungen gemäß tatsächlich waren. Überdies nehmen sie das, was sie gut können, als wichtiger wahr als das, was sie nicht so gut können. Wenn sie erfahren, daß eine bestimmte Fähigkeit von anderen hoch bewertet wird, glauben sie meist, daß sie diese bereits besitzen, wenn nicht sogar gesteigert haben, selbst wenn Außenstehende finden, daß ihr Leistungsstand auf diesem Gebiet unverändert ist. Und schließlich rechnen sie anderen deren Erfolge höher an und machen sie stärker für ihre Niederlagen verantwortlich; sie sehen sich selbst als überdurchschnittlich und in einem besseren Licht, als sie von anderen gesehen werden.

Im Gegensatz dazu erinnern Menschen mit einem pessimistischeren Erklärungsstil die eigenen negativen und positiven Eigenschaften gleichwertig und teilen ihre Schuldzuschreibungen etwa gleichmäßig auf sich und andere auf. Auch entspricht ihre Selbsteinschätzung stärker dem Bild, das sich ihre Umwelt von ihnen macht. Diese Haltung bringt ihnen aber am Ende ein Selbstbild ein, in dem sich sowohl ihr inneres Gefühl der Schlechtigkeit spiegelt als auch die vorherrschenden negativen Emotionen und das damit verbundene Gefühl fehlender Selbstkontrolle. Dagegen sehen ihre Zeitgenossen mit dem optimistischen Erklärungsstil die Realität (oder zumindest die Sicht der anderen auf sie) zwar eindeutig verzerrt, doch diese Realitätsverzerrung dient dazu, ihr Wohlbefinden zu maximieren, ihre Selbstachtung zu stützen und ihre Kontrollüberzeugung zu verstärken.[4]

Betrachtet man nun diese unterschiedlichen Denkmuster von Optimisten und Pessimisten, so liegt die Vermutung nahe, daß anderes Denken auch andere Gefühle, auch andere Gefühle über sich selbst, bewirkt. Mit anderen Worten, wenn jemand feststellt, daß er sich einen Erfolg mit spezifischen, vergänglichen und externen Ursachen erklärt, kann er sich diese Gedanken klarmachen, sie rational in Frage stellen und schließlich nach dem Vorbild des Optimisten – Erfolg als Folge eigener Leistungen und persönlichen Talents – umformulieren. So verändert er vor langer Zeit einprogrammierte kortikale Muster und ersetzt seinen Pessimismus nach und nach durch Optimismus. Die Prämisse ist einfach, aber grundlegend: Üben Sie optimistisches Denken, dann werden Sie mit der Zeit selbst zum Optimisten – Ihre Stimmung und auch Ihre Wahrnehmung von sich selbst und anderen Menschen werden sich verbessern. Wer versucht, wie ein Optimist über ein gutes Geschehen zu denken und es als Folge seiner persönlichen positiven und nachhaltigen Eigenschaften zu sehen, die er selbst kontrollieren kann, verändert letztlich das Bild von sich selbst im Vergleich zu anderen Menschen. Statt zu meinen, Sie seien weniger begabt oder gebildet als alle anderen, oder Ihnen gelinge ohnehin nie etwas – Sichtweisen, die vielleicht durch das herabsetzende, beschämende oder schlechtmachende Verhalten ihrer Bezugspersonen in der Kindheit verstärkt wurden –, gewinnen Sie allmählich eine andere Einstellung zu sich selbst und lernen, Ihre Stimmung effektiver so zu regulieren, daß der Optimismus eine Chance bekommt.

Eine zweite Methode zur Veränderung des Denkens, die nachweislich eine positive Stimmung und die entsprechend optimistische Lebenseinstellung fördert, ist als Abwärtsvergleich bekannt. Dazu die Ergebnisse einer aussagekräftigen Untersuchung: Eine Gruppe von Versuchspersonen wurde willkürlich in zwei Untergruppen aufgeteilt. Die Mitglieder der ersten Gruppe wurden gebeten, fünfmal den Satz »Ich bin froh, daß ich kein(e)... bin« zu vervollständigen. Die zweite Gruppe sollte den Satz »Ich wünschte, ich wäre ein(e)...« ergänzen. Beide Gruppen bewerteten sowohl vor Beginn als auch nach Abschluß dieser Aufgabe, wie zufrieden sie mit ihrem Leben waren. Die Personen, die den ersten Satz bearbeiten sollten, waren anschließend deutlich zufriedener mit ihrem Leben als zuvor, während diejenigen, die den Satz »Ich wünschte, ich wäre ein(e)...« vervollständigt hatten, sich deutlich unzufriedener zeigten, als sie noch wenige Minuten zuvor gewesen waren.[5]

Weil unsere Emotionen vorwiegend im zwischenmenschlichen Bereich verortet sind, hilft uns der Vergleich unseres Schicksals mit denen, die es nicht so gut haben wie wir, die Illusion aufzubauen und zu erhalten, daß wir in einer vergleichsweise glücklichen Lage sind. Dieses Gefühl lenkt wiederum unsere Stimmung in eine positivere Richtung. Vergleiche mit Menschen, denen es besser geht als uns und die Dinge besitzen, die wir entbehren müssen, machen uns hingegen meist neidisch und rufen Ärger, Frustration und das Gefühl der Benachteiligung hervor, so daß wir schließlich aus unserem emotionalen Gleichgewicht geworfen werden und mit unserer Lage weniger zufrieden sind als vorher.

Die Fähigkeit oder Unfähigkeit, von sich aus so zu denken, hängt auch hier wieder von unserem Selbstbild und unserem gegenwärtigen Zustand emotionaler Regulation oder Dysregulation ab. Man hat zum Beispiel beobachtet, daß nicht-deprimierte Krebspatienten zu einer positiven Einstellung kamen, indem sie sich sagen, ihre Krankheit könnte schlimmer sein, oder indem sie sich mit jemandem verglichen, dem es tatsächlich schlechter ging. Doch unter der Last von Depression und Angst brach die Fähigkeit zu solchem Denken, die Illusion des im Vergleich zu anderen Kranken relativen Glücks, rasch in sich zusammen.[6] Tatsächlich gelingt es Menschen mit leichter chronischer Depression meist nicht, solche Selbstschutz-Vergleiche anzustellen, wobei sich allerdings auch bei ihnen die Stimmung besserte, nachdem die Therapeuten sie zu Abwärtsvergleichen aufgefordert hatten.[7]

So hilfreich diese beiden Methoden eines veränderten Denkens – der positive Attributionsstil und der Abwärtsvergleich – auch sein mögen: Nicht jeder wird sich gleich damit anfreunden können. Wenn ich zum Beispiel bei einer Prüfung durchfalle und dann – eine externe Erklärung für mein Versagen suchend – behaupte, die Aufgaben seien unfair gestellt gewesen, wo bleibt dann mein persönliches Verantwortungsgefühl dafür, daß ich schlicht und einfach nicht gelernt habe? Doch obwohl eine derartige Begründung des Mißerfolgs verantwortungslos klingen mag, lernen Menschen mit einem positiven Attributionsstil normalerweise fleißiger für die nächste Prüfung. Und das ist logisch, denn sie glauben ja an ihren persönlichen Einfluß auf gute Ergebnisse und erwarten daher, daß ihr Lernen mit einer guten Note belohnt wird. Ihre Erklärung für die versiebte Prüfung schlägt also nicht in das Verweigern jeglicher Eigenverantwortung um. Vielmehr beschützt ihr Erklärungsmuster sie vor dem Gefühl, versagt zu haben, und dieser Schutz erlaubt es ihnen, beim nächsten Mal fleißiger zu lernen.

Und was die Abwärtsvergleiche angeht: Wenn ich

ständig nur danach schaue, wem es schlechter geht als mir, und das Elend anderer Menschen benutze, um meine Selbstachtung zu stützen – bekomme ich dann nicht Schuldgefühle? Bei Menschen, die in der durch Abwärtsvergleiche geschürten Illusion leben, in mancher Hinsicht relativ gut dran zu sein, ist es bezeichnenderweise wahrscheinlicher, daß sie sich ehrenamtlich für andere einsetzen, als bei Menschen, die über diese Illusion nicht verfügen.[8] Mit anderen Worten: Sie werden wahrscheinlich versuchen, die Lage ihrer weniger begünstigten Mitmenschen zu verbessern, und dadurch etwaige Schuldgefühle kompensieren, die sie aufgrund der Abwärtsvergleiche haben. Wer seine Zeit und Kraft in karitative Projekte investiert, ist häufig glücklicher und optimistischer und erwirbt, als Reaktion auf seine Tätigkeit, größere Selbstachtung. Vielleicht verhält er sich unbewußt selbst wie die wohlwollende Bezugsperson, die ihn in der frühen Kindheit unterstützte, und verschafft sich damit einen Teil des Glücksgefühls wieder, das mit dieser Beziehung verbunden war. Selbst der Dalai Lama hat einmal gestanden, daß er – um seine Gefühle des Glücks und der Lebenszufriedenheit zu stärken – solche Abwärtsvergleiche benutzt – natürlich immer in Verbindung mit dem entsprechenden altruistischen Einsatz für andere ...[9]

Das Verändern des eigenen Attributionsstils und Abwärtsvergleiche sind Methoden, mit deren Hilfe das limbische System über den Kortex moduliert wird. Eine ebenso wirksame Methode zur Aufhellung unserer Stimmung besteht darin, die Farbgebung des auf uns einwirkenden Stroms von Sinnesinformationen, in dem die Amygdala »badet«, zu verändern. Diese sichere

Abkürzung zum Optimismus ist vielleicht das erstaunlichste Ergebnis der Optimismusforschung: Was man nicht fühlt, kann man ebensogut vortäuschen.

Lassen Sie sich von den folgenden Erkenntnissen überzeugen: Versuchspersonen wurden aufgefordert, vier kurze Geschichten laut vorzulesen. In zwei Geschichten tauchte der Vokal u überdurchschnittlich häufig auf. Um ihn auszusprechen, muß der Leser die Lippen spitzen, was für die Gesichtsmuskulatur das genaue Gegenteil von einem Lächeln ist. Die Probanden, die die beiden U-Geschichten vorlasen, registrierten anschließend eine ablehnende Haltung gegenüber dem Inhalt der Geschichten, obwohl er dem der anderen Geschichten ähnelte, bei denen das u normal häufig vorkam. Ihr Gefühl war offenbar allein durch das mit dem Lesen verbundene Grimassieren verändert worden: Die wiederholten finsteren Blicke, die das Aussprechen des u-Lauts mit sich brachte, vermittelten ihrem limbischen System ein bestimmtes Signal, das wiederum ihre Stimmung beeinflußte. Der finstere Blick löste quasi eine finstere Lebenseinstellung aus.[10]

Ähnliches ergab sich aus einer anderen Untersuchung, für die man die Probanden bat, einen Stift so im Mund zu halten, daß sie die Gesichtsmuskeln unwillkürlich in Richtung eines Lächelns verziehen mußten. Karikaturen wurden von ihnen danach als lustiger bewertet als von den Personen der Kontrollgruppe, die diese Muskelbewegung nicht ausführten. Als man die erste Gruppe dann bat, durch Zusammenziehen der Augenbrauen ein trauriges Gesicht zu machen, beurteilte sie insgesamt die ihr gezeigten Bilder als trauriger, als es die Kontrollgruppe tat. Auch hier war es wieder der Ge-

sichtsausdruck, der diese emotionale Reaktion hervorgerufen hatte.[11]

Es zeigt sich also, daß Ihre Mutter damals vielleicht
doch recht hatte, als sie Sie ermahnte, nicht so finster
dreinzuschauen ... Das Entscheidende aber ist: Wer
sich glücklich *gibt,* selbst wenn es sich anfangs heuchle-
risch anfühlt, wird sich allmählich auch glücklicher *fühlen.* Setzen Sie sich aufrecht hin, und Ihre Müdigkeit ist
schon fast verflogen. Entspannen Sie sich (und »ent-
schärfen« damit zugleich die Informationen, die an Ihr
limbisches System gesendet werden), und Ihre Angst
läßt nach. Umgekehrt funktioniert es ebenfalls: Wer
sich einen finsteren Gesichtsausdruck verkneift, trägt
tatsächlich dazu bei, die Intensität der empfundenen
Emotion zu reduzieren. Indem man einen schmerzhaften medizinischen Eingriff stoisch erträgt, kann man
die Angst und den Schmerz, den man empfindet, wirklich verringern.[12]

Neben dieser starken Korrelation zwischen Gesichtsausdruck und Emotion gibt es weitere Formen der äu-
ßerlichen Stimulation, die den Zustand des limbischen
Systems verändern. Hautkontakt durch Streicheln oder
Umarmung, das Betrachten friedlicher Szenen, angenehme Gerüche oder verschiedene Arten von Stim-
mungsmusik. Aufgrund ihrer starken emotionalen Wirkung (vielleicht, weil sie die von Stern als so wichtig
erachteten Vitalitätseffekte aus der frühkindlichen Kommunikation heraufbeschwören), bieten Künste wie Musik und Tanz vielleicht die wirksamste Möglichkeit, den
limbischen »Tonfall« zu verändern.

Seien Sie jedoch gewarnt, daß diese Art der Modulation der Amygdala möglicherweise gehemmt wird,

wenn Ihre Großhirnrinde weiter grübelt, statt sich zu entspannen, und sich immer neue dunkle Szenarien ersinnt. Wenn Sie sich beispielsweise zur Entspannung massieren lassen, dabei aber über Ihren Ärger in der Firma nachdenken, kann es gut sein, daß alle positiven Einflüsse durch das Grübeln zunichte gemacht werden und Ihr limbisches System auf kleiner Flamme weiterköchelt, statt sich zu beruhigen.

Bedenkenswert ist außerdem, daß die Wirkung äußerer Reize auf das limbische System natürlich auch negativ sein kann. Für eine Studie über die Wirkung verschiedener Arten von Musik füllten 144 Probanden einen Fragebogen aus, bevor und nachdem sie eine Viertelstunde lang eine bestimmte Musikart gehört hatten. Diejenigen, denen Punk vorgespielt worden war, zeigten anschließend beträchtlich höhere Werte bei Feindseligkeit, Trauer, Anspannung und Ermüdung, während in bezug auf Mitgefühl, Entspannung, geistige Klarheit und Energie bei ihnen starke Rückgänge zu verzeichnen waren. Es zahlt sich also aus, darauf zu achten, was sich in der persönlichen Umwelt abspielt, und wenn möglich darauf einzuwirken, daß es den gewünschten Einfluß auf die Stimmung hat.[13]

Eine spezielle Art von Umweltreizen, die auf jeden Fall einen Einfluß auf den Zustand unseres limbischen Systems haben, geht von anderen Menschen aus. Einer der Hauptgründe dafür, daß wir überhaupt Gefühle haben, ist die Tatsache, daß wir durch sie Signale an andere aussenden. Gefühle sind also Kommunikationsmittel und Hilfe beim Herstellen sozialer Bindungen zugleich. Unsere Fähigkeit, die Gefühle unserer Mitmenschen zu verstehen und auf sie zu reagieren, macht uns zugleich besonders empfindlich für ihre Stimmungen. Kurzum: Emotionen sind ansteckend. Das weiß auch jeder Psychiater, der sich für die letzte Therapiestunde des Tages nicht einen depressiven, sondern lieber einen manischen Patienten bestellt, damit er beim Verlassen der Praxis keinen Trauergesang anstimmt, sondern ein fröhliches Liedchen auf den Lippen hat. Und wer schon einmal auf einer Säuglingsstation war, hat gemerkt: Wenn eins der Babys zu weinen anfängt, weinen bald auch alle anderen.

Wer um diesen Effekt weiß, kann die emotionalen Reaktionen seiner Mitmenschen nutzen, um seine Stimmungen positiv zu beeinflussen. Wer zum Beispiel einem Fremden lächelnd oder mit freundlicher Haltung entgegengeht, wird meist mit einer ähnlich herzlichen – oder sogar noch herzlicheren – Reaktion belohnt. Es ist eine Art zwischenmenschlicher Stimmungs-Pingpong, und er funktioniert, wie andere externe Reize auch, in beiden Richtungen. Das bedeutet zum Beispiel, daß Sie es sich vielleicht zweimal überlegen sollten, bevor Sie den Taxifahrer anschnauzen und damit eine wütende Schimpfkanonade auslösen, die Ihnen die Stimmung verdirbt.

Die beschriebenen kortikalen und sensorischen Tricks können zwar den bereits bestehenden kortikolimbischen Schaltkreisen das Funktionieren erleichtern, doch reicht das manchmal einfach nicht aus, um eine langfristige Besserung des Wohlbefindens oder die dauerhafte Gewißheit zu erreichen, daß man seine Emotionszustände selbst kontrollieren kann. In diesem Fall kann intensive Psychotherapie oder eine Psychoanalyse die erfolgversprechendste Lösung sein.

Nicht nur frühkindliche Erfahrungen bestimmen die Art der Nervenverbindungen zwischen dem limbischen System und der Großhirnrinde. Auch später noch können wir durch die Erkundung unserer internalisierten Beziehungsmuster und ihrer emotionalen Konsequenzen die Verschaltung der Neurone unter Umständen verändern. Die »Neuverdrahtung« beeinflußt wiederum die Art und Weise, wie wir Beziehungen und die damit verbundenen Gefühle erleben und integrieren, und verhilft uns zu einem neuen Blick auf uns selbst, die anderen und die emotionalen Bande, die uns mit ihnen verbinden. Indem wir die kortiko-limbischen Schaltkreise physisch verändern und zugleich verstehen, was an ihrer bisherigen Organisationsweise problematisch war, ändern wir unsere Standpunkte und Stimmungen ganz konkret.

Schon Jahrzehnte, bevor die Wissenschaft uns zum Verständnis der kortiko-limbischen Verschaltung verhalf, prägte Sigmund Freud die Metapher von den stereotypen Druckplatten: Muster, die auf unseren frühkindlichen Erfahrungen beruhen und die uns unauslöschlich ins Gehirn »gedruckt« sind und bei unseren Interaktionen mit anderen immer wieder aktiviert werden. Wie ich im vierten Kapitel erläutert habe, sind die Geschichten, die wir von diesen Interaktionen erzählen, bemerkenswert gleichförmig, seien sie nun wahr oder erdacht, aus Vergangenheit oder Gegenwart, aus Traum oder Wachsein und mit welcher Hauptperson auch immer. Wenn also die (aus frühester Kindheit stammenden) Geschichten eines Menschen darum kreisen, daß er gequält, herabgesetzt und erniedrigt wird, dann beherrschen diese Themen auch die Geschichten über seine aktuellen Beziehungen. Dennoch weist einiges darauf hin, daß die Beziehungsmuster und Erwartungen, von denen unser jeweils einzigartiger Geschichtentyp geprägt ist, veränderbar sind, woraus sich möglicherweise eine positive Verschiebung des Bildes der Person von sich selbst in der Beziehung zu anderen ergibt und sich ihre Fähigkeit, Gefühlszustände selbständig zu regulieren, verbessert.

Psychotherapeutische Forschungen ergaben denn auch, daß die in einer fortgeschrittenen Phase der Therapie erzählten Geschichten weniger stereotyp ausfielen und daß diese Verschiebungen mit einer Reduzierung der Depressions-und Angstsymptome einhergingen.[14] Die Nachzeichnung solcher Muster in der Therapie sowie die sich immer weiter entfaltende Beziehung zum Therapeuten oder der Therapeutin führen ganz allmählich zu realen Verschiebungen in der Art der Nervenverknüpfung im kortiko-limbischen System und damit zu einer Änderung der Informationsverarbeitung in diesen Schaltkreisen. Nach und nach ändern wir so unser Bild von uns selbst und den anderen und auch die emotionalen Tonlagen, die unsere Beziehungen charakterisieren.

Doch wie kommt es dazu, daß die Psychotherapie unsere Fähigkeit zur Stimmungsmodulation verbessert und dadurch unsere Selbstachtung erhöht? Zunächst einmal achtet der Patient in der Therapie − manchmal zum ersten Mal in seinem Leben − genau darauf, in welchem Gefühlszustand er sich gerade befindet. Als Folge dieser Wachsamkeit werden seine Gefühlszustände im Verlauf des therapeutischen Prozesses zunehmend differenzierter. Ähnlich wie man in der Musikstunde plötzlich erkennt, daß das früher schlicht als Quartett wahrgenommene Stück nicht einfach von vier Instrumenten, sondern konkret von einer Violine, einer Querflöte und zwei Celli gespielt wird, erkennt man das früher diffus als »Verwirrung« bezeichnete Gefühl im Verlauf der Therapie genauer als die Mischung aus Wut und Angst, um die es sich eigentlich handelt.

Ein zweiter Effekt der Psychotherapie ist, daß sie uns zu einem besseren Verständnis der Ursachen unserer ständig wechselnden Stimmungen führt. Weil wir den Fluß der Gedanken, Phantasien und Empfindungen, die mit diesen Stimmungsschwankungen einhergehen, genau beobachten, verstehen wir mit der Zeit auch, warum unsere Emotionen in eine bestimmte Richtung gehen. Dieses sorgfältige Beobachten läßt uns letztlich unsere Beziehungsmuster und Erwartungen verstehen. Zum Beispiel bekam Isabel nach der versteckten Kritik an meiner Frisur Schuldgefühle und fühlte sich wie ein schlechter Mensch. Dieses Muster hat sich in ihren Beziehungen immer wiederholt, doch in der Therapie bekommt sie Gelegenheit, ihm nachzugehen und es zu begreifen. Ähnlich wie wir eine Akkordfolge in einem Musikstück besser verstehen, wenn wir sie analysieren, befähigt uns die Psychotherapie, den Fluß unserer inneren Zustände so zu analysieren, daß wir auch unsere Stimmungen verstehen. Und dies verbessert langfristig unsere Fähigkeit zur Kontrolle unserer Emotionen.

Neben diesen wichtigen Schritten in unserer persönlichen Entwicklung ermöglicht uns eine Psychotherapie aber noch etwas Entscheidenderes. Weil die Erforschung der inneren Zustände im Kontext unserer Beziehung zum Therapeuten geschieht, erhalten wir durch diese Beziehung die Möglichkeit, uns in eine neue »Lehre der Gefühle« zu begeben.[15]

So wie unsere Bezugspersonen in frühester Kindheit als externe Regulatoren unserer inneren Zustände fungierten, kann uns die Beziehung zu einem Therapeuten, der allen unseren Gefühlen – guten wie schlechten – mit gleicher Aufmerksamkeit begegnet, die Chance geben, durch Verinnerlichung dieser neuen Beziehungserfahrung eine positivere und autonomere Lebenseinstellung zu entwickeln. Sichere Bindungen entstehen ja, wenn die Eltern alle Gefühle eines Kindes beachten und tolerieren, statt bestimmte Emotionen zu bevorzugen oder das Kind zu veranlassen, sie zu unterdrücken. Wenn diese erste Lehre des Gefühls scheitert, gibt uns die Psychotherapie eine zweite Chance, sowohl ein breiteres Gefühlsspektrum zu entwickeln als auch die Art und Intensität unserer emotionalen Erfahrungen selbst regulieren zu lernen.

Man fand interessante Hinweise darauf, daß die therapeutische Beziehung von Patienten tatsächlich in dieser Weise genutzt wird. So zeigte eine Untersuchung, daß 90 Prozent der Versuchspersonen, die eine wöchentliche ambulante Psychotherapie absolvierten, zwischen den Sitzungen über ihre Therapeuten nachdachten. Auf die Frage, in welchen Situationen sie die Repräsentanz des Therapeuten aktivierten, antworteten sie, sie sähen ihn am intensivsten in Situationen vor sich, in denen sie versuchten, schmerzliche Gefühle wie Trauer, Angst, Depression oder Schuldgefühle zu verarbeiten. Dann riefen sie sich den Therapeuten in Erinnerung, damit sie sich weniger einsam und ängstlich fühlten, sich weniger überfordert fühlten und um

mit ihm oder ihr verbunden zu sein.[16] Wie bei Kleinkindern, die in Trennungssituationen von der Mutter
gelernte Lieder singen, um ihre negativen Gefühle ab-
zuschwächen, beschwören Patienten ihre Bindung an
den Therapeuten herauf, um mit Hilfe dieser internalisierten Beziehung ihre schmerzlichen Erfahrungen effektiver zu lindern.

Der Therapeut hilft dem Patienten, eine Fähigkeit zu
Hochstimmung und Freude zu erweitern, und zeigt
ihm, daß die Beziehung sich auch dann nicht auflöst,
wenn der Patient einmal intensive Wut, Angst, Trauer,
Scham oder Erregung verspürt und ausdrückt. Der
Therapeut hilft ihm, Risse in der Beziehung – und in
seiner Selbstachtung – zu kitten, und macht nebenbei
sein Selbstbild anpassungsfähiger. Dieser Prozeß der
emotionalen Konditionierung durch die Therapie
wandelt die frühkindlichen negativen limbischen Lektionen allmählich um.

Wie Isabels im letzten Kapitel geschilderter Traum
andeutet, ist es das eigentliche Ziel der Psychotherapie,
uns autonomer zu machen und uns zu befähigen, auf
der Insel der Illusion in unserem Innern Zuflucht zu
suchen. Wir wollen nicht darauf angewiesen sein, daß
uns andere Menschen die Pflegespülung für unser ver-
filztes und sprödes Innenleben verkaufen; wir wollen
sie selbst herstellen. Erst wenn wir das geschafft haben,
können unsere überwiegend negativen Gefühle, unsere
mangelnde Kontrollüberzeugung und das damit verbundene selbstkritisch-strenge Bild von uns selbst
transformiert werden. Erst dann sind wir eine voll ent-
wickelte Persönlichkeit.

ACHTES KAPITEL

Ein Meister der Illusion tritt auf

Wer die Autonomie einer voll ausgebildeten Persönlichkeit entwickelt hat, wird auch dann optimistisch bleiben, wenn seine Illusion, die Welt unter Kontrolle zu haben, durch höhere Gewalt zerstört wird. Und doch muß sich der Schlaganfall für Jean-Dominique Bauby angefühlt haben, als sei er mit hundert Sachen gegen eine Mauer gerast:[1]

»Ich fahre im Zeitlupentempo und erkenne im Lichtstrahl der Scheinwerfer kaum die Kurven, die ich doch tausende Male genommen habe. Ich fühle Schweiß auf meiner Stirn perlen, und als uns ein Auto entgegenkommt, sehe ich es doppelt. An der ersten Kreuzung fahre ich auf die Seite. Ich steige schwankend aus dem BMW. Ich kann kaum gerade stehen. Ich lasse mich auf den Rücksitz fallen ... Und ich versinke im Koma.« (122, 126)

Der Chefredakteur der französischen Zeitschrift *Elle,* ein erfolgreicher Mann Anfang vierzig und Vater von zwei kleinen Kindern, war bei seinen Kollegen und Freunden beliebt für seinen Witz, seinen Stil und seine genießerische Einstellung zum Leben. Eines Tages saß Bauby am Steuer, um seinen Sohn für das Wochenende abzuholen, als ihm plötzlich schwindlig wurde und er sich wie benebelt fühlte. Knapp drei Wochen später wachte er im Krankenhaus wieder auf und mußte feststellen, daß er sich als Folge eines schweren Schlaganfalls im sogenannten »Locked-In-Syndrom« befand. Er war von Kopf bis Fuß gelähmt und konnte einzig und allein sein linkes Augenlid bewegen. Doch seine Körperempfindungen waren normal und sein Geist vollkommen unversehrt – er war imstande, die Situation zu begreifen.

Zweifellos hätte er viel zu sagen gehabt, doch aufgrund seiner Lähmung waren seine Kommunikationsmöglichkeiten extrem eingeschränkt. »Auf einmal sah ich die bestürzende Realität«, sollte er später über den Augenblick schreiben, als ihm das ganze Ausmaß seiner Lage klar wurde. »So blendend wie ein Atomblitz. Schärfer als das Fallbeil einer Guillotine.« Er konnte weder sprechen noch Zeichen geben, nicht einmal mit einer Kopfbewegung ein Ja oder Nein andeuten.

Zum Glück wich der blendende, scharfe Blitz der Einsicht in seine Lage bald dem Entschluß, sich trotz allem Gehör zu verschaffen. Ähnlich wie die Brustkrebspatientinnen, die bei einem Rückfall ihre Kontrollillusion einfach ein wenig zurücknahmen, suchte und fand Bauby das einzige, was von der Gehirnverletzung nicht betroffen war – das einzige Fenster, durch das er mit seiner Umwelt in Kontakt treten konnte. Wenn ein Besucher langsam, Buchstabe für Buchstabe, das Alphabet aufsagte, dann blinzelte er mit dem linken Auge, sobald dieser an dem gewünschten Buchstaben angelangt war, und sein Gegenüber schrieb den Buchstaben auf. Auf diese Weise konnte Bauby mühsam Wörter und Sätze buchstabieren und sich verständlich machen.

Seine Illusion, am Schalthebel der Macht zu sitzen, war zwar von einer Katastrophe erschüttert worden und hatte ihm buchstäblich jede Kontrolle über seinen Körper genommen, doch selbst in dieser Extremsituation fand er den einen verbleibenden Rettungsanker, der ihn noch mit der Außenwelt verband, und griff nach ihm. Später schrieb er mit der Blinzel-Technik sogar ein Buch, das unter dem Titel *Schmetterling und Taucherglocke* erschien. Wenn Sie sich vorstellen können, in seiner Situation das gleiche zu tun: herzlichen Glückwunsch – Ihre kortiko-limbischen Schleifen müssen so fein modelliert sein wie der Waschbrettbauch des Atlas.

Baubys Wille, trotz allem sein Schicksal selbst zu bestimmen, ist beeindruckend. Obwohl sein ganzer Körper niedergedrückt wurde, gefangen in einer riesigen »Taucherglocke«, konnte Bauby seinen Geist »wie einen Schmetterling umherflattern« lassen:

»Es gibt so viel zu tun. Man kann davonfliegen in den Raum oder in die Zeit, nach Feuerland oder an den Hof von König Midas. Man kann die geliebte Frau besuchen, sich neben sie legen und ihr noch schlafendes Gesicht streicheln. Man kann Luftschlösser bauen, das Goldene Vlies erkämpfen, Atlantis entdecken, seine Kinderträume und Erwachsenenphantasien verwirklichen.« (7f.)

Bauby begriff sehr schnell die Wichtigkeit dessen, was ich in diesem Buch dargelegt habe – daß unsere Innenwelt das einzige ist, worüber wir alle in schweren Zeiten noch Kontrolle haben. Und mit der Zeit erkannte er, daß dieses Gefühl, an den Schalthebeln der Macht über sein Inneres zu sitzen, ihm half, die Welt um sich herum ebenfalls als einladend wahrzunehmen, trotz seiner massiven körperlichen Beeinträchtigung.

Im letzten Kapitel ging es darum, daß wir Kontrolle über unsere Innenwelt nur erreichen, wenn wir unsere Gefühle und ihre Ursachen verstehen und dann mit allen Mitteln versuchen, unseren Gemütszustand in die gewünschte Richtung zu lenken. Statt uns vom limbischen System kontrollieren zu lassen, müssen wir lernen, es so gut wie möglich selbst zu kontrollieren. Wenn wir unsere Wahrnehmung der Welt da draußen ebenfalls verändern wollen, erlaubt uns erst dieser Prozeß, zu einem »Meister der Illusion« zu werden. Wer hingegen die Selbstkontrolle aufgibt und eine dementsprechend pessimistische Haltung annimmt, betrachtet das Leben oft – bewußt oder unbewußt – als Dokumentarfilm, in dem er zum Beobachter degradiert wird, statt selbst Regie zu führen und über die Kameraperspektive zu bestimmen. Umgekehrt betrachten Optimisten ihr Leben als einen Film, bei dem *sie* Regie führen, dessen Fokus *sie* bestimmen und der mehr einem Spielfilm als einer Dokumentation gleicht.

Bei der Regie seiner eigenen Lebensgeschichte ist Bauby ein Meister der Illusion – er kann das Skript seiner neuerdings so eingeschränkten Existenz sogar umschreiben. Durch einige zentrale Regie-Einfälle versetzt Bauby sich in die Lage, sich sehr viel mehr auf die Schmetterlinge seiner Existenz zu konzentrieren als auf die Taucherglocke.

Im vorangegangenen Kapitel wurde deutlich, daß wir beim Kampf um die Herrschaft über unsere Stimmungen die Oberhand gewinnen, wenn wir unser Denken verändern, also den Fokus der Kamera verschieben. Dominique Bauby ist demgemäß ein Meisterregisseur seines eigenen Denkens: Er bestimmt, wohin seine Aufmerksamkeit wandert. In dem Kapitel »Ein Glückstag« beschreibt er, wie gut das funktioniert:

»Kaum ist der Tag angebrochen, da wird Zimmer 119

heute morgen vom Unglück heimgesucht. Seit einer halben Stunde ertönt der Alarm des Apparats, der meine Ernährung reguliert, ins Leere hinein. Ich kenne nichts Dümmeres und Abscheulicheres als dieses schrille ›Piep, piep‹, das am Gehirn nagt. Obendrein ist durch meine Transpiration das Pflaster abgegangen, das mein rechtes Augenlid verschließt, und die verklebten Wimpern kitzeln schmerzhaft meine Pupille. Und um das Ganze zu krönen, ist auch noch mein Blasenkatheter herausgerutscht. Ich liege in einer Überschwemmung. Während ich auf Hilfe warte, summe ich im stillen einen alten Schlager von Henri Salvador: ›Ach komm, Baby, das alles ist doch nicht so schlimm.‹ Jetzt kommt übrigens die Schwester. Mechanisch macht sie den Fernsehapparat an. Es läuft Werbung. Ein *Minitel*-Anbieter, ›3617 Milliarden‹, stellt die Frage: ›Sind Sie ausersehen, Ihr Glück zu machen?‹«

Man sollte denken, wenn irgend jemand Grund hätte, wie ein hilfloser Welpe zu wimmern, wäre es Bauby. Das unkontrollierbare Piepen seines Tropfs muß für ihn wie eines dieser Folterinstrumente gewesen sein, die sich manche Psychologen ausdenken, um erlernte Hilflosigkeit zu erzeugen. Bauby befindet sich in einer Lage, die fast jeden anderen depressiv, wütend, ängstlich und mutlos machen, vielleicht sogar Selbstmordgedanken hegen lassen würde. Was passiert mit Menschen in Situationen, in denen ihre Hilflosigkeit scheinbar ausweglos ist?

Die von Bauby eingesetzten Strategien zur Vermeidung von Hilflosigkeitsgefühlen kann sich auch jeder andere zu eigen machen, der sich mit intensiven Emotionen auseinandersetzen muß.[2] Bauby paßt seine Aufmerksamkeit der Situation an und denkt an ein tröstendes Lied, das ihn von der physischen Empfindung der Wirklichkeit ablenken soll. Indem er sich auf der Suche nach etwas Besänftigendem nach innen wendet, findet er die Botschaft, die er in diesem Augenblick am dringendsten braucht: ›Ach komm, Baby, das alles ist doch nicht so schlimm.‹ Die Musik und der Text beruhigen ihn, versetzen ihn in eine gelassenere, vielleicht sogar zufriedene Stimmung, während er auf Hilfe wartet. Er liegt also nicht nur da und wartet auf das Ende seiner Misere, sondern beendet seine Misere selbst, indem er die mit ihr verbundenen Wahrnehmungen beiseite schiebt. Er schafft sich die innere Umwelt, die er in einem schweren Moment wie diesem benötigt, indem er seine Stimmung mit Hilfe seiner Gedankenprozesse in angenehmere Gefilde lenkt.

Dieses Abwenden von seiner körperlichen Misere ist sicher wichtig. Doch genauso wichtig ist, *wohin* Bauby seine Gedanken lenkt: Wenn er nicht gerade Luftschlösser baut oder das Goldene Vlies stiehlt, sucht er in seiner Erinnerung nach Erfahrungen, die ihn aus einem inneren Zustand der Langeweile oder der Einsamkeit in eine aufgeschlossene oder freudig erregte Stimmung zu versetzen vermögen. Gedächtnis und Phantasie – die erinnerte Vergangenheit und die vorgestellte Zukunft – sind wichtige Werkzeuge, mit denen wir uns in alternative Gemütszustände bringen und eine emotionale Flucht antreten können. Dem gelähmten Bauby ermöglichte dieses Verfahren, ein »Tagebuch meiner Reise auf der Stelle« zu verfassen, wie er es liebevoll nennt. Er schreibt:

»Zum Glück konnte ich im Laufe der Jahre genügend Bilder, Aromen, Eindrücke speichern, um … auf Reisen gehen zu können. Das sind seltsame Streifzüge. Der ranzige Geruch einer New Yorker Bar. Der Duft des Elends auf dem Markt von Rangun. Reisen ans Ende der Welt. Die eiskalte Nacht von Sankt Petersburg oder die unglaubliche Weißglut der Sonne von Furnace Creek in der Wüste von Nevada.« (193)

Wie den meisten Pessimisten wohl bewußt ist, genügt es nicht immer, einfach an etwas anderes zu denken, wenn wir unsere Gefühle wirksam verändern wollen. Schließlich sind Erinnerungen nicht immer angenehm, sondern können auch Schmerzen bereiten, wie Bauby bestätigt:

»Auf den köstlichen Moment, wenn ich in die Badewanne sinke, folgt schnell die wehmütige Erinnerung an die großen Wassergelage, die der Luxus meines früheren Lebens waren. Versorgt mit einer Tasse Tee oder einem Whisky, mit einem guten Buch oder einem Stoß Zeitungen, ließ ich mich lange einweichen und bediente die Wasserhähne mit den Zehen. Es gibt nur wenige Momente, in denen ich meinen Zustand so grausam verspüre wie bei der Erinnerung an diese Freuden. Zum Glück habe ich keine Zeit, ihr nachzuhängen. Schon werde ich, am ganzen Leib schlotternd, ... in mein Zimmer zurückgebracht.« (18f.)

Weil Gefühle und Gedanken so eng miteinander verzahnt sind, kann es passieren, daß unsere Gefühle sich an unsere düsteren Gedanken anpassen, und bei Selbstmitleid passiert es wohl am leichtesten, daß wir unglücklich und pessimistisch werden.

Das scheint auch der Grund zu sein, warum Bauby so häufig Abwärtsvergleiche anstellt und an Menschen denkt, die in einer ähnlichen Situation sind oder denen es sogar noch schlechter geht als ihm selbst, zum Beispiel an den Romanhelden Noirtier de Villefort aus *Der Graf von Monte Christo*. De Villefort ist eine lebende Mumie im Rollstuhl, die schon zu drei Vierteln dem Tod geweiht ist und sich ebenfalls durch Zwinkern verständigt. (Wie Bauby scheint auch er am Locked-In-Syndrom zu leiden.) In solcher Gesellschaft fällt Bauby der Gedanke leicht, daß es anderen ebenso schlecht geht wie ihm, selbst wenn sein Schicksalsgenosse ein Produkt der Phantasie ist. Und wenn er an die »etwa zwanzig Fälle von Dauerkoma« in seinem Krankenhaus denkt, »arme Teufel in einer endlosen Nacht«, die nie ihr Zimmer verlassen und sich »an den Pforten des Todes« befinden, sinniert er: »Sie lasten seltsam auf der Gemeinschaft, wie ein schlechtes Gewissen.« Bauby scheint unbewußt zu verstehen, daß der Trick der Abwärtsvergleiche tatsächlich bewirkt, daß wir uns wie Glückspilze vorkommen, während Aufwärtsvergleiche oft schwierig zu bewältigende Gefühle der Wut und des Neids wachrufen, so daß wir uns benachteiligt fühlen und in Düsternis versinken.

Ein weiterer gedanklicher Trick, den Bauby häufig benutzt, ist das imaginäre »Um-Schreiben« seiner Erlebnisse, so daß sie anders enden als in Wirklichkeit. Mit dieser Technik gelingt es ihm, den Schaden zu reparieren, der seinem Ich durch unglückliche Begegnungen und Ereignisse zugefügt wird. Ein Beispiel ist seine Reaktion auf den Augenarzt, der ihm das rechte Augenlid zunäht, damit es seine Hornhaut nicht verletzt. Der Arzt geht eines Morgens einfach ans Werk, ohne sich die Mühe zu machen, Bauby zu erklären, was er vorhat und warum:

»Ich bin schon auf sanftere Weise geweckt worden. Als ich an jenem Morgen Ende Januar zu mir kam, stand ein Mann über mich gebeugt und nähte mit Nadel und Faden, wie man ein Paar Socken stopft, mein rechtes Augenlid zu. Ich wurde von einer unsinnigen Angst gepackt: Wird mir der Augenarzt, einmal in Schwung, auch das linke Auge zunähen, meine einzige Verbindung mit der Außenwelt, das einzige Oberlicht meines Kerkers, das Bullauge meiner Taucherglocke? Er ließ im Ton eines Staatsanwalts, der für einen Rückfälligen eine exemplarische Strafe fordert, knapp verlauten: ›Sechs Monate.‹ Mit meinem sehtüchtigen Auge vervielfachte ich die fragenden Signale, doch der gute Mann verbringt zwar seine Tage damit, die Augen anderer unter die Lupe zu nehmen, aber deswegen kann er noch lange nicht ihre Blicke lesen.« (55)

Um seine Angst und das Gefühl des Ausgeliefertseins zu bekämpfen, gibt Bauby der Begebenheit einfach einen Ausgang, der ihn wieder in eine überlegenere Position bringen würde. Als der Augenarzt fragt: »Sehen Sie doppelt?«, vergnügt sich Bauby mit der imaginären Antwort: »Ja, ich sehe zwei Arschlöcher anstelle von einem.« Die Kraft und Kontrollfähigkeit, die sich Bauby in dieser phantasierten Rache-Situation verleiht, helfen ihm tatsächlich, seine Kontrollillusion zu verstärken und eine schwierige Situation zu meistern, samt dem zugehörigen Wechsel von negativen zu positiven Gefühlen.

Meisterschaft hat Bauby auch darin erreicht, die Intensität verschiedener Sinneswahrnehmungen zu verändern, um das Klima seiner Innenwelt zu verbessern. Vielleicht erinnern Sie sich an die Eindringlichkeit der üppigen Nahaufnahmen von den Erdbeeren in dem Film *Tess of the d'Urbervilles*. Oder daran, daß lautes Herzklopfen in einem Gruselfilm Ihnen so richtig angst machen kann. Und ob die Wahrnehmungen echt sind oder nur in Erinnerung gerufen werden – Bauby versteht es meisterhaft, ihre emotionale Wirkung auszunutzen, um in die Stimmung zu kommen, die er gerade braucht. Er berichtet zum Beispiel, daß er nicht essen darf, weil die für das Schlucken benötigten Muskeln gelähmt sind. Seine Alternative sieht so aus:

»Ich kultiviere die Kunst, Erinnerungen aufzukochen ... Je nach Laune leiste ich mir ein Dutzend Schnecken, Sauerkraut mit Speck und Würstchen und eine Flasche Gewürztraminer, eine goldgelbe Spätlese, oder ich genieße ein einfaches weichgekochtes Ei, in das ich ein Stück Brot mit gesalzener Butter tunke. Wie köstlich! Das Eigelb läuft mir in langen, warmen Schlucken über den Gaumen in die Kehle. Und es gibt nie Verdauungsprobleme. Natürlich verwende ich die besten Produkte: die frischesten Gemüse, fangfrische Fische, das am besten abgehangene Fleisch. Alles muß vorschriftsmäßig zubereitet werden. Um ganz sicherzugehen, habe ich mir von einem Freund das Rezept für die echte Bratwurst aus Troyes schicken lassen, die aus dreierlei Fleischsorten, riemenartig miteinander verflochten, besteht ... Jede Scheibe schmilzt ein bißchen auf der Zunge, bevor man sie kaut, um ihr volles Aroma herauszuholen.« (38f.)

Wenn Ihnen nach dieser Beschreibung das Wasser im Mund zusammenläuft und Sie sich in gespannter Erwartung befinden, werden Sie verstehen, wie wirkungsvoll dieses Mittel der Fokussierung auf intensive Sinneserfahrungen auch im Hinblick auf den Optimismus ist. Baubys Erinnerungen bilden einen Mantel der Empfindungen, der ihn aus der drohenden Langeweile und Apathie seiner buchstäblich geschmacklosen Realität rettet.

Nicht nur die Stimulierung unserer fünf Sinne ist für die Stimmungsmodulation wichtig, sondern auch Bewegung und Rhythmus. Während Bauby die Fähigkeit zur Beeinflussung der physischen Realität verloren hat, besitzt er sie in der Phantasie immer noch. Er stellt sich vor, er sei »Formel-1-Fahrer … auf einer Rennstrecke in Monza oder in Silverstone … In meinem Bett, ich meine, in meinem Cockpit liegend, nehme ich die Kurven in vollem Tempo, und mein vom Sturzhelm schwerer Kopf neigt sich schmerzhaft unter der Wirkung der Schwerkraft.« Als »Außenseiter der *Tour de France* am Abend einer Etappe, die zur Legende werden wird«, hört er »noch das Schreien der Menge an der Straße zum Gipfel und bei der Abfahrt das Zischen der Luft in den Speichen«. So kann Bauby in intensive imaginäre oder erinnerte Erfahrungen von Bewegungen und Rhythmus flüchten und sich mit den Sinneseindrücken umgeben, die sein Bedürfnis nach Aufregung und Abenteuer befriedigen.

Natürlich färbt die physische Wahrnehmung nicht nur unsere Stimmung, sondern aktiviert auch bestimmte Gedanken, Phantasien und Erinnerungen. Wie Bauby schreibt:»Zum Beispiel kann ein alltägliches Ereignis wie das Gewaschenwerden ganz verschiedene Gefühle in mir erregen. An einem Tag finde ich es spaßig, mit vierundvierzig Jahren gesäubert, umgedreht, abgewischt und gewindelt zu werden wie ein Säugling.

In voller infantiler Regression empfinde ich dabei sogar eine vage Lust. Am nächsten Tag kommt mir das alles im höchsten Maße erschütternd vor, und eine Träne rollt in den Rasierschaum, den ein Pfleger auf meinen Wangen verteilt.« Auch hier wieder geht es um die Entscheidung, eine Empfindung zu genießen oder sie zu verdrängen, je nachdem, wie sie auf das Innenleben und die Optimismusfähigkeit wirkt. Und das ist die Basis für unsere Regisseur-Entscheidung, wenn unsere Wahrnehmungen den gewünschten Effekt auf unsere Emotionen haben sollen.

Als Bauby während seiner ersten Paris-Reise nach dem Schlaganfall bemerkt, daß er beim Anblick der Stadt, die einst seine Heimat war, von Rührung überwältigt zu werden droht, schiebt er bei der zweiten Fahrt sozusagen eine Blende vor seine sinnliche Wahrnehmung, distanziert sich von der Szene und dadurch auch von der traurigen Stimmung, die er beim ersten Mal verspürt hatte.

»Ich sah auf eine gefilmte Kulisse, die für mich hinter die Scheiben des Krankenwagens projiziert wurde. Beim Film nennt man das Rückprojektion: das Auto des Helden rast über eine Straße, die auf einer Studiowand vorbeisaust ... Meine (zweite) Fahrt durch Paris hat mich völlig kaltgelassen. Dabei fehlte nichts. Die Hausfrauen in geblümten Kleidern und die Jugendlichen auf Rollschuhen. Das Brummen der Busse. Die Flüche der Motorrollerkuriere. Die Place de l'Opéra wie auf einem Gemälde von Dufy. Die Bäume im Sturmangriff auf die Fassaden und ein wenig Watte am blauen Himmel. Nichts fehlte, außer mir. Ich war anderswo.« (80)

Den Schauplatz intensiver Gefühle zu verlassen, ist eine Methode, die Macht unserer Umwelt auf unser Innenleben zu modulieren.

Nun moduliert Bauby nicht nur durch innere Selbstgespräche und seine Empfindungen sein limbisches System von oben beziehungsweise von unten, sondern benutzt dazu auch die Menschen um sich herum. Einerseits sind es die Menschen, mit denen er real zu tun hat, andererseits Phantasien über andere Menschen, mit deren Hilfe er sich ein Gefühl emotionalen Wohlbefindens inmitten seines Elends schafft. So bringen ihm zum Beispiel die monatlichen Rundbriefe über seine Fortschritte, die er an Freunde verschickt, befriedigende Reaktionen ein. »Von einigen Unerbittlichen abgesehen, die hartnäckig schweigen, haben alle begriffen, daß man mich in meiner Taucherglocke erreichen kann, auch wenn sie mich manchmal an die Ränder unerforschter Welten davonträgt. Ich bekomme bemerkenswerte Briefe.« (82) Am stärksten berühren ihn die Briefe, »die ganz schlicht die kleinen Dinge schildern, die das Vergehen der Zeit anzeigen. Rosen, die in der Dämmerung gepflückt wurden, das Faulenzen an einem verregneten Sonntag, ein Kind, das vor dem Einschlafen weint. Direkt aus der Realität gegriffen, bewegen mich diese Lebenssplitter, dieses Aufwallen von Glück mehr als alles andere.« Indem er sich mit Menschen oder deren Lebensäußerungen umgibt, die seine Gefühle teilen, setzt Bauby emotionale Dialoge in Gang, die »die Geier« – vielleicht nagende Gefühle wie Verzweiflung und Angst, die ihn zu zerreißen drohen – fernhalten.

Bauby weiß auch, wie er seine eigene Wirkung auf

andere zugunsten seines inneres Zustands einsetzen kann. »Mit meinen von der Lähmung atrophierten Gesichtszügen versuche ich etwas aufzusetzen, was ein Begrüßungslächeln sein soll.« (93) Diese Art des emotionalen Sich-Einlassens auf andere, selbst wenn das Lächeln »aufgesetzt« werden muß, ist fast schon eine Garantie dafür, daß der Besucher das Lächeln erwidert und Baubys Stimmung damit aufhellt. Stellen Sie sich vor, wie es wäre, wenn Bauby seinem Besuch düster und unbewegt entgegensähe. Ein fröhliches Gesicht aufzusetzen, auch in Momenten, in denen ihm nicht danach zumute ist, erlaubt es ihm letztendlich, das Ziel effektiver Selbst-Modulation zu erreichen.

Und schließlich, wenn die Menschen um ihn herum nicht ausreichen, um die Illusion einer Insel der Stärke aufzubauen, stellt Bauby sich eine Beziehung mit einer Phantasiefigur vor, die größer und stärker ist als er, ihm als gütige, ermutigende Bezugsperson dient und seine dunklen Gedanken vertreibt. Eines Tages entdeckt er in der Krankenhausgalerie eine Büste der Kaiserin Eugénie, Gattin Napoleons III. und Schutzpatronin des *Hôpital maritime,* nebst einem Bericht des stellvertretenden Bahnhofsvorstehers von Berck über den kaiserlichen Besuch aus dem letzten Jahrhundert. Er flüchtet in die Szene und stellt sich wieder und wieder seine Beziehung zu Eugénie vor:

»An einem sehr windigen Tag habe ich es sogar gewagt, mich ihr zu nähern, und habe mein Gesicht zwischen den Falten ihres Kleides aus weißer Gaze mit breiten Satinstreifen vergraben. Es war weich wie Schlagsahne und so frisch wie der Morgentau. Sie hat mich nicht zurückgestoßen. Sie ist mir mit den Fingern durch das Haar gefahren und hat sanft, mit einem spanischen Akzent, ähnlich dem der Neurologin, zu mir gesagt: ›Nun, mein Kind, du mußt sehr geduldig sein.‹ Sie war nicht mehr die Kaiserin der Franzosen, sondern eine trostreiche Gottheit wie die heilige Rita, die Schutzheilige der hoffnungslosen Fälle.« (26)

Eigentlich beschwor Bauby damit das Bild einer tröstenden Mutter herauf, das er sicherlich in der frühen Kindheit internalisiert, also in den Schaltplan seiner kortiko-limbischen Schleifen aufgenommen hat. In der imaginären Umarmung dieser Mutter findet er den Trost und die Ermutigung, die er braucht, um sich weniger allein zu fühlen, um angesichts einer Situation, die jedem anderen alle Hoffnung rauben würde, den Mut nicht zu verlieren.

Die reiche Beziehung zu seiner imaginären Schutzpatronin läßt darauf schließen, daß Bauby in frühester Kindheit seine Selbstzweifel mit seiner Mutter in einer positiven Atmosphäre »besprechen«, konnte. Als er zum Beispiel im Spiegel ein Männergesicht sah, »das in einem Dioxinfaß verweilt zu haben schien«, erfaßte ihn »eine seltsame Euphorie«:

»Ich war nicht nur exiliert, paralysiert, stumm, halb taub, aller Freuden beraubt und auf ein Quallendasein herabgemindert, sondern obendrein war ich auch noch gräßlich anzusehen. Ich habe den nervösen Lachanfall bekommen, den eine Serie von Katastrophen auslöst, wenn man nach einem letzten Schicksalsschlag beschließt, diesen als Scherz aufzufassen. Mein vergnügtes Röcheln hat Eugénie erst einmal aus der Fassung gebracht, ehe sie sich von meiner Erheiterung anstecken ließ. Wir haben gelacht, bis uns die Tränen kamen. Die städtische Blaskapelle hat einen Walzer gespielt, und ich war so fröhlich, daß ich gern aufgestanden wäre, um Eugénie zum Tanz aufzufordern, wenn die Umstände es erlaubt hätten. Wir wären auf den Kilometern von Fliesen herumgewirbelt. Seit diesem Ereignis finde ich immer, wenn ich durch die große Galerie komme, daß die Kaiserin ein bißchen schalkhaft aussieht.« (27)

Das Bild, das die innere Insel der Stärke, die Bauby in einer tragischen Situation besitzt, vielleicht am besten verdeutlicht – als Folge positiver Kindheitserfahrungen mit einer mächtigen, aber gütigen und liebevollen Bezugsperson –, ist der Leuchtturm, der die felsige Küste vor dem Hotel dominiert. Er beschreibt ihn so: »… schlank, kräftig und beruhigend in seiner rot-weiß gestreiften Livrée, die einem Rugbytrikot ähnelte. Ich habe mich sofort unter den Schutz dieses brüderlichen Symbols begeben, das über die Seeleute wacht wie über die Kranken, diese Schiffbrüchigen der Einsamkeit. Wir sind in ständiger Verbindung, und ich besuche ihn oft.« (30)

In der winterlichen Dunkelheit schaut Bauby zu, »wie die Sonne untergeht und der Leuchtturm an ihre Stelle tritt, indem er Hoffnungsstrahlen in alle Richtungen wirft«. Im Schatten seines starken Schutzes sagt Bauby: »Ich bin der größte Filmregisseur aller Zeiten.« (31)

Um zu Regisseuren unserer Innenwelt zu werden, ist es notwendig, daß wir erkennen, was wir fühlen und warum wir etwas fühlen, und dann die nötigen Schritte ergreifen, um unsere Gefühle mit allen verfügbaren Mitteln in eine angenehme Richtung zu lenken. Doch um diese Anpassung unserer Wahrnehmung und Gedanken leisten zu können, dürfen wir uns zuerst einmal

nicht dazu verleiten lassen, an die mit unserer Wahrnehmung und unseren Gedanken meist einhergehende
Perspektive auf uns selbst, unsere Mitmenschen und unsere Umwelt zu glauben. Wir müssen unsere Emotionen einerseits ernst nehmen, indem wir die entscheidende Rolle anerkennen, die sie bei der Darstellung
unserer Umwelt spielen, und andererseits dürfen wir sie
nicht *zu* ernst nehmen, damit wir der negativen Lebenseinstellung und dem Pessimismus, die oft mit negativen Gefühlen verbunden sind, nicht auf den Leim
gehen.

Außerdem gehört es, wohlgemerkt, nicht zu Baubys
Tricks, negative Gefühle zu vermeiden. Er hat mit Trauer über seine Verluste zu kämpfen, mit Scham angesichts
seines Zustands, Angst vor seiner Hilflosigkeit und
Wut über die scheinbare Ungerechtigkeit der Situation.
Nicht das Leugnen dieser Gefühle hilft ihm, sondern
die Tatsache, daß er die Fähigkeit besitzt, sich selbst wieder aus ihrem Bann zurückzuholen. Er ertrinkt nicht in
ihnen, weil seine emotionalen Fertigkeiten ihm helfen,
mitten im Sturm der äußeren Ereignisse und der bedrohlichen Gefühle eine Insel der inneren Stärke aufzubauen. Nicht die Tatsache, daß sein Privatkino immer
nur Komödien zeigen würde oder von Optimismus
geprägt wäre, macht ihn zu einem meisterhaften Illusio-
nisten, sondern daß er sich – obwohl er einen so großen Teil der Kontrolle über seine Umwelt, einschließlich seines eigenen Körpers, verloren hat – an die
Schalthebel der Macht über seinen Geist, seine Perspektive und seine Vision setzt. Er versteht es meisterhaft zu bestimmen, wohin er geht, und achtet dabei stets
auf die Implikationen und inneren Auswirkungen sei-

ner Entscheidung. Das bedeutet, daß er sich von seinen Emotionen unter Umständen auch in dunkle Ecken führen läßt. Er weiß, daß negative Gefühle wie Angst oder Wut als psychischer Treibstoff dienen können, wenn man sie unter Kontrolle hat.

»Aber um auf dem Quivive zu bleiben und nicht in lauer Resignation zu versinken, bewahre ich mir ein Quantum Wut und Abscheu, nicht zuviel und nicht zuwenig, so wie der Schnellkochtopf sein Ventil hat, um nicht zu explodieren.« (57)

Zum Meister der Illusion wird Bauby dadurch, daß er seine innere Stimmungslandschaft beobachtet, sie versteht und zuletzt in- und auswendig kennt. Selbst als Bauby in ein neues Leben katapultiert wird, wo alle Regeln seiner Existenz auf den Kopf gestellt sind, und obwohl er sich manchmal wie ein Exilant von der Nichtigkeit einer Qualle fühlt, erlauben es ihm seine inneren Fähigkeiten, an den Schalthebeln der Macht sitzenzubleiben.

Wie er selbst bekennt, fällt es natürlich nicht immer leicht, ständig aufmerksam zu bleiben für die eigene Innenwelt. »Ich kann die Schmetterlinge hören, die in meinem Kopf umherfliegen. Dazu ist viel Aufmerksamkeit und sogar Sammlung nötig, denn ihre Flügelschläge sind fast unhörbar. Etwas lautes Atmen genügt, um sie zu übertönen.« (96f.) Wer im Streben nach einer optimistischeren Haltung seine Emotionen verändern will, muß sich (zumindest am Anfang) bewußt dazu überwinden. Man muß sich aktiv dafür entscheiden, die Verantwortung dafür, wie man sich fühlt, samt aller nur erdenklichen Konsequenzen zu übernehmen. Das bedeutet, daß wir unser Denken oder unsere Wahrnehmung verändern, wenn sie nicht die gewünschte Wirkung auf unsere Stimmung haben; es bedeutet, daß wir unsere Stimmung nicht als unerbittliche Gegebenheit hinnehmen. Dafür wachsen mit der Zeit – und ein bißchen Übung – unsere Fähigkeit, uns mit uns selbst im Innersten wohl zu fühlen, und die Kontrollillusion, mit der diese Fähigkeit am Ende belohnt wird. Unter unseren Füßen verfestigt sich der Boden einer Insel aus psychischen Fähigkeiten, auf der wir mit beiden Beinen stehen können, auch wenn das Meer der Außenwelt uns zu überschwemmen droht.

Mit einer solchen erhöhten Achtsamkeit auf sein Innenleben bemerkt Bauby: »Es ist übrigens erstaunlich – mein Hörvermögen bessert sich nicht, doch höre ich (die Schmetterlinge) immer deutlicher. Ich muß ein Ohr für Schmetterlinge haben.«

Obwohl Bauby zwei Tage nach Erscheinen seines Buches in Frankreich starb, wurde es ein internationaler Bestseller. Mit ihm hinterließ er uns einen Einblick in die Werkstatt eines Meisters der Illusion, der es uns gestattet, seine Techniken ebenso zu studieren, wie man die filmischen Stilmittel eines meisterhaften Regisseurs analysieren würde. Und so ganz nebenbei schenkt Bauby uns eine Blaupause, mit deren Hilfe auch wir ein Ohr für Schmetterlinge entwickeln können.

NEUNTES KAPITEL

Der Leuchtturm am Horizont – das Licht im Inneren

Als ich in jener Nacht im heißesten und trockensten Juli in der Geschichte New Yorks im Bett lag, im neunten Monat schwanger, mußte ich an Bauby denken. Ich erwartete die Geburt meiner kleinen Tochter, die ich mir so sehr gewünscht hatte, und plötzlich wurde ich von einer Welle aus Angst, Hochstimmung und Erregung zugleich überrollt. Während ich mich auf diese neue Beziehung, den neuen Lebensabschnitt freute, hatte ich gleichzeitig mit meiner Trauer über den Verlust einer anderen Beziehung zu kämpfen. Nach vier bis fünf Sitzungen pro Woche über einen Zeitraum von sieben Jahren hatte meine Psychoanalyse ihren Abschluß erreicht. Wie würde ich den Verlust des Analytikers verschmerzen, den ich bei unserer morgigen Sitzung zum letzten Mal sehen würde? Ich war aus einem Traum hochgeschreckt, der mich besorgt und ängstlich gemacht hatte, war von einem Bild aus dem für die letzten Tage der Schwangerschaft typisch unruhigen Schlaf gerissen worden.

Im Traum war ich auf der Terrasse meiner Wohnung gestanden und hatte den Blick über die Skyline von Manhattan schweifen lassen. Plötzlich wurde mir bewußt, daß das Empire State Building verschwunden war. Im wirklichen Leben war dieses Gebäude für mich eine Art Uhr; wenn ich nachts aufwachte, zeigte mir ein Blick aus dem Schlafzimmerfenster anhand seiner Lichter, wie spät es war. Auch der Fortgang der Jahreszeiten ließ sich an seinen Lichtern ablesen: Die rot-weiß-blauen Lichter zeigten den 4. Juli an, die fahlen, kürbisorangefarbenen Flutlichter erleuchteten den Nachthimmel an Halloween. In meinem Traum fühlte ich mich verloren und verängstigt, allein und haltlos, fand mich ohne das tröstende Licht des Hochhauses nicht zurecht. Bis ich plötzlich entdeckte, daß das Empire State Building nicht wirklich verschwunden war. Es war nur von dickem Nebel umhüllt gewesen, so dichtem Nebel, daß das Gebäude vorübergehend verdeckt, sein Licht ausgelöscht gewesen war.

Mit einem Ruck wachte ich auf, verängstigt und doch erleichtert, daß es nur ein Traum gewesen war. Ich stand auf und ging hinaus auf die Terrasse um zu schauen, ob das Hochhaus wirklich noch an seinem Platz stand. Jetzt, da ich wach war, war ich mir zwar rational sicher, daß es so sein würde, doch um auch emotionale Sicherheit zu gewinnen, mußte ich es mit eigenen Augen sehen. Ich entdeckte, daß der Nebel wirklich ziemlich dick war und daß er das Empire State Building von seinem Platz am Horizont verdrängt, sein Licht verdunkelt hatte. Doch ich stellte fest, daß ich mir das Licht trotzdem vorstellen konnte. Ich konnte es sehen, konnte mir ein Bild von ihm an die Skyline zaubern. Diese Fähigkeit besaß ich, weil ich eine Vorstellung des Gebäudes verinnerlicht hatte.

In diesem Buch habe ich dargelegt, daß Emotionen in unserem Leben eine Doppelrolle spielen: Sie sind der Nebel, der unsere Einstellung zu uns selbst und unserer Zukunft trübt, oder auch der sonnenbeschienene Himmel, der uns klar und deutlich unseren Platz in der Welt zeigt. Unsere Fähigkeit zur selbständigen Modulation unserer inneren Zustände entscheidet am Ende darüber, ob wir den Nebel oder den sonnigen Himmel wahrnehmen. Überdies gibt es eine Wechselwirkung zwischen unserem emotionalen Befinden und dem Gefühl der Kontrolle über unsere Umwelt. Das Aufrechterhalten der gesunden Illusion, daß wir an den Schalthebeln der Macht sitzen, ist der beste Weg zum Optimismus. Im Gegensatz dazu schaffen sich ängstliche, deprimierte Menschen mit ihrer ›realistischeren‹ Wahrnehmung eine Welt, über die sie keine Kontrolle zu haben scheinen und in der sie sich ihrem Schicksal völlig ausgeliefert fühlen.

Die Selbstregulationsfähigkeit, die wir durch unseren Umgang mit wichtigen Bezugspersonen in der frühen Kindheit erwerben, bestimmt darüber, wie gut wir im späteren Leben unsere Emotionen regulieren können. Die Lektionen über uns selbst und andere und über die Stimmungen, die die Interaktionen unserer ersten drei Lebensjahre durchziehen, haben sich den Nervenverbindungen des Gehirns buchstäblich eingeprägt – durch die Herausbildung kortiko-limbischer Schaltkreise. Dieses neurale Schaltsystem bestimmt in hohem Maße, ob unsere Perspektive als Erwachsener mehr von Optimismus oder mehr von Pessimismus bestimmt ist, ob wir also viel Zeit in fehlregulierten Zuständen, im Kampf mit problematischen Emotionen, verbringen oder ob wir uns eher als Steuermann unseres Lebens fühlen.

Durch die Art und Weise, wie sich unsere Nervenverbindungen im Kontext der frühkindlichen Beziehungen herausbilden, ist die Fähigkeit zur selbständigen Modulation unserer Innenwelt stets mit unserer Einstellung zu uns selbst und anderen verbunden, aber auch mit unserem Verständnis der Regeln, nach denen Beziehungen funktionieren. Unser Gefühlsleben ist also unlösbar mit anderen Menschen verquickt. Jede unserer Emotionen ist mit einem Menschen aus unserer Vergangenheit verknüpft. Wenn wir die Fähigkeit zur emotionalen Selbstregulation nur unzulänglich ausgeprägt haben, dann haben wir noch als Erwachsene lange mit negativen Selbstbildern zu kämpfen, die uns übermäßig davon abhängig machen, daß wir unseren Mitmenschen bestimmte Reaktionen entlocken. Daher hängen auch unsere Fähigkeit zur Selbstmodulation und unser Gefühl der Autonomie eng zusammen.

Doch trotz der langfristigen Folgen frühkindlicher Erfahrungen für die Struktur der kortiko-limbischen Schaltkreise gibt es auch später noch Möglichkeiten, daß wir bessere Stimmungsmodulatoren werden. Wenn wir unser Befinden verbessern und uns das so dringend benötigte Gefühl der Selbstkontrolle verschaffen wollen, hilft es, wie wir gesehen haben, ein fröhliches Gesicht zu machen und über äußere Ereignisse anders zu denken als bisher. Ein optimistischer Erklärungsstil oder die Verwendung von Abwärtsvergleichen kann so-wohl unsere Stimmung als auch unser Selbstgefühl stärken. Und falls diese Veränderung unserer existierenden kortiko-limbischen Schaltkreise nicht ausreicht, können Psychotherapie und die damit verbundene neue Beziehungserfahrung uns helfen, die in der frühen Kindheit festgelegten Gehirnschaltungen buchstäblich neu zu verdrahten. Mit einer stabilen Fähigkeit zur Stimmungsmodulation begegnen wir selbst den schwierigsten Lebensbedingungen mit einem Gefühl innerer

Autonomie und maximieren dadurch nicht nur unser Wohlgefühl, sondern auch die Anzahl unserer Wahlmöglichkeiten und wenden unser Schicksal zum Besseren.

Optimismus beruht auf einem Empire State Building oder Leuchtturm im Inneren, der so standfest und sicher ist wie nur möglich. Doch um ihn zu errichten, benötigt jeder Mensch entweder als Kind eine Bezugsperson oder im späteren Leben eine Beziehung, die es ihm ermöglicht, eine innere Repräsentanz des Leuchtturms zu bilden, dessen Licht in ihm weiterlebt. Allerdings: Von dieser ursprünglichen Lichtquelle muß sich jeder von uns auch wieder trennen können. Das Internalisieren der Hilfe von außen ist am Ende der einzige Weg zu einer autonomen, unabhängigen Persönlichkeit.

Daß die Psychologie ihre Aufmerksamkeit auf den Erwerb und Erhalt innerer Autonomie richtet, ist relativ neu: Die Positive Psychologie tritt dafür ein, wünschenswerte Eigenschaften wie Glück, Optimismus und Anpassungsfähigkeit ebenso gründlich zu studieren wie pathologische Erscheinungen, etwa Depression. In seinem bahnbrechenden Buch *Emotionale Intelligenz* kam Daniel Goleman zu dem Schluß, daß die Fähigkeit zur autonomen Regulierung unserer Emotionen eine entscheidende Rolle für unser Wohlbefinden spielt.[1] Goleman vermutet darüber hinaus, daß sich noch andere wichtige Konsequenzen dadurch ergeben, ob man diese emotionalen Fähigkeiten besitzt oder nicht. Zum Beispiel haben die Frustrationstoleranz und die Fähigkeit, impulsives Verhalten zu kontrollieren und Befriedigung vorübergehend hintanzustellen, Einfluß darauf, ob man maximale Produktivität erzielt und seinen Zielen näherkommt. Emotionen neigen nämlich dazu, Aktivität auszulösen. Daß dies so ist, zum Beispiel, daß unsere Beine stärker durchblutet werden, wenn wir Angst bekommen, ist eine der nützlicheren Eigenschaften von Emotionen und wahrscheinlich sogar der Grund dafür, daß sie überhaupt entstanden sind. Doch wer voreiliges gefühlsbetontes Handeln vermeiden will, muß negative Gefühlszustände wie Frustration und Wut aushalten, modulieren und innerlich verarbeiten können, statt ihnen blindlings nachzugeben.

Golemans Erkenntnisse werden untermauert durch die Untersuchungen von David Myers und Ed Diener zu der Frage, warum Menschen glücklich sind. Aus einer Flut jüngerer Studien über subjektives Wohlbefinden schließen sie, daß eine Häufung von positiven und ein geringes Vorkommen von negativen Affekten − also eine wirksame Selbstmodulation von Emotionen − der Schlüssel zum Glück sind. Ihre Ergebnisse zeigen außerdem, daß Variablen wie Geschlecht, Rasse und soziale Herkunft keine Vorhersagen darüber zulassen, wer glücklich ist; die Fähigkeit zum Optimismus und das damit verbundene Glücksgefühl unterliegen − zum Glück − der Chancengleichheit.[2]

Überdies ist die Fähigkeit zur Stimmungsmodulation auch unabdingbare Voraussetzung für schöpferische Erfüllung, für ein Leben in einem Zustand, den Mihaly Csikszentmihalyi »Flow« nennt.[3] Als weiteres produktives Ergebnis der Positiven Psychologie zeigt sein Buch, daß »Flow«-Zustände jene psychischen Zustände verstärken, in denen wir beste Leistungen bringen, uns am wohlsten fühlen und die Aufgaben vor uns zielgerichtet und erfüllt in Angriff nehmen. Sportler haben in einem solchen Zustand das Gefühl, sich fließend und völlig mühelos zu bewegen – eine Erfahrung, die auch nachweislich mit einem Rückgang der Gehirnaktivität verbunden ist und einem Strömen gleicht. Es ist, als seien wir in diesem Zustand psychisch und biologisch auf einen inneren Kern abgestimmt, der ohne jeden überflüssigen Kraftaufwand operiert. Die Tatsache, daß sich die Gehirnaktivitäten im »Flow« beruhigen, weist darauf hin, daß dabei die Schaltkreise mit maximaler Effizienz arbeiten.

Wie Csikszentmihalyi anmerkt, ist das Erreichen eines solchen Zustands am wahrscheinlichsten, wenn unser Ausgangszustand sich zwischen Langeweile und Angst bewegt. Mit anderen Worten, ein Tennisspiel macht uns am meisten Spaß, wenn unser Gegner in etwa gleichwertig ist, wir also weder gelangweilt, weil unterfordert, noch ängstlich, weil überfordert sind. Doch in den Gefühlsbereich zwischen Langeweile und Angst, der die Voraussetzung für »Flow« ist, geraten wir erst, wenn unsere Modulationsfähigkeit hoch entwickelt ist. Da Csikszentmihalyis Forschung nahelegt, daß Menschen, die häufiger im »Flow« sind, sich als glücklicher und optimistischer einschätzen als andere, kommen wir zu demselben Ergebnis: Die Fähigkeit zur Stimmungsmodulation liegt der Fähigkeit zugrunde, sich eine optimistische Haltung zu bewahren. Es sind die quälenden Anfälle von Angst, Depression und Wut, die uns von den für den »Flow« wichtigen Stimmungszuständen fernhalten, und unsere Unfähigkeit, uns selbst aus diesen Zuständen herauszukämpfen, macht uns unglücklich und pessimistisch.

Im Zuge der Positiven Psychologie rückt außerdem die Frage in den Vordergrund, was ein gelingendes Leben ausmacht, trotz widriger Umstände in der Kindheit. Was befähigt uns eigentlich, ein schlechtes Blatt gut zu spielen?[4] Bei allem, was wir als Antwort auf diese Frage wissen, scheint eines wichtiger zu sein als alles andere: Für viele Menschen, die sich trotz Vernachlässigung und Mißhandlung gut entwickelt haben, war der Beistand eines interessierten Erwachsenen − ob Lehrer, Nachbar, Verwandter oder Priester − ein entscheidender Faktor. Mit anderen Worten, entsprechend meiner These, daß sich die Schaltkreise des Optimismus im Kreuzfeuer der intensiven frühkindlichen Interaktionen mit einer wichtigen Bezugsperson entwickeln, erscheint es logisch, daß die Weitergabe dieser Fackel von einer Generation zur nächsten nur davon abhängt, daß zur rechten Zeit ein einziger Fackelträger auf der Bildfläche auftaucht.

Seien es emotionale Intelligenz, »Flow« oder Anpassungsfähigkeit, die Positive Psychologie verspricht, uns die Kräfte zu zeigen, auf denen geistige Gesundheit basiert, und sie kann uns vielleicht verstehen lehren, warum so manche Persönlichkeitsentwicklung scheitert. Selbst ein Phänomen wie der Placebo-Effekt − bei dem ein Mensch einem anderen die Fähigkeit gibt, eine Hoffnungsinsel am Horizont zu erkennen − stellt einen vorübergehenden Transfer von Optimismus dar. Die Erforschung solcher Phänomene und auf welche Weise sie Demoralisierung im zwischenmenschlichen Bereich verhindern, steht noch in den Anfängen. Es ist aber an der Zeit, daß wir diejenigen Verhaltensmechanismen untersuchen, die es erlauben, daß die Hoffnungslosen −

und sei es nur vorübergehend – Hoffnung internalisieren.[5]

Während die Forschung allmählich erkennt, daß die in der frühen Kindheit erworbene Stimmungsmodulationsfähigkeit des einzelnen seine spätere Lebenserfahrung entscheidend verändern kann, nehmen die Anzeichen für Fehlregulation in der Welt zu, sei es in Form von um sich schießenden Amokläufern, von steil ansteigenden Angst- und Depressionswerten unter Jugendlichen oder in Form des Zusammenbruchs einiger der Beziehungen, die nach meiner Auffassung für die Ausbildung unserer kortiko-limbischen Schaltkreise entscheidend sind.

Zu den hohen sozialen Kosten solcher Fehlregulationen addieren sich die menschlichen Kosten, die entstehen, wenn die frühkindlichen Erfahrungen, die uns Stimmungsmodulation und eine positive Selbstachtung lehren sollten, fehlschlagen und wir als Erwachsene noch lange unter den Folgen leiden. Es ist für eine Analytikerin ausgesprochen schmerzlich, die Kindheitsgeschichten und späteren Erfahrungen von Patienten zu hören, denen die Fähigkeit fehlt, positive Lebensgefühle wie Hochstimmung zu genießen, und die negative Zustände wie Wut, Scham und Verzweiflung nicht kontrollieren können.

Tatsache bleibt, daß jeder von uns mit Stimmungen und ihrer Modulation zu kämpfen hat. Neue Forschungen zeigen, daß das limbische System über eine Art Auslösemechanismus verfügt, durch den es der Kontrolle des Kortex entgehen kann, wenn es nur genügend »aufgeheizt« ist. Im Gegensatz zu unseren bisherigen Annahmen bedeutet gerade diese Anatomie des limbischen Systems, daß man sich entgegen Aristoteles und Descartes nicht darauf verlassen kann, daß der Kortex und das Denken, das er produziert, so beeindruckend es auch sein mag, unsere Emotionen vollständig kontrollieren.[6] Diese neuen Erkenntnisse implizieren, daß die Modulation unserer inneren Gefühlszustände für niemanden selbstverständlich ist, sondern vielmehr Teil des menschlichen Daseins und seiner Herausforderungen.

Die Positive Psychologie erlaubt uns durch ihre Untersuchung positiver Seinszustände wie die kontrollierende Lebenseinstellung der Optimisten auch besser zu verstehen, was geistige Gesundheit und Wohlbefinden stören kann und auf welche Weise sich problematische Lebenseinstellungen wie Pessimismus verändern lassen. Als beispielsweise Martin Seligman begann, sich auf die schützenden Gedankenmuster und positiven Erklärungsstile des Optimisten zu konzentrieren, erkannte er auch bald, daß man Pessimisten in eine gesündere Richtung lenken kann, indem man ihnen eine andere Art des Denkens zeigt. Überdies befähigte ihn sein Wissen über die Mechanismen hinter positiven Gefühlszuständen, nach Wegen zu suchen, wie man Kinder »elastischer«, also anpassungsfähiger macht, sie quasi gegen Verzweiflung immunisiert.[7]

Parallel zu den ständig sich vertiefenden Erkenntnissen der Positiven Psychologie beschleunigt sich auch der Fortschritt in den Neurowissenschaften und eröffnet die verlockende Möglichkeit, beide Bereiche zu verbinden, um die Gehirnmechanismen zu verstehen, die für positive Gemütszustände wie Glück verantwortlich sind. Bereits jetzt erforschen Richard Davidson und seine Kollegen die Gehirnbereiche, die für positive

Emotionen zuständig sind, sowie die Frage, auf welche Weise sich das Denken auf das Gehirn auswirkt.[8]

Der Neurologe Antonio Damasio und sein Team haben mit der Erforschung der neurophysiologischen Prozesse begonnen, die emotionaler Kompetenz zugrundeliegen. Seine Ergebnisse legen nahe, daß Menschen durch Übung tatsächlich hervorragende Stimmungsmodulatoren werden können. Als zum Beispiel die Pianistin Maria João Pires behauptete, sie könne den Fluß der Emotionen in ihrem Körper anregen oder reduzieren, hielten Damasio und seine Frau Hanna, die ebenfalls Neurologin ist, dies zunächst für die romantische, aber verfehlte Vorstellung einer Künstlerin. Sie schlossen sie also an einen komplexen psychophysiologischen Apparat an und waren verblüfft: Während Maria zwei kurze Musikstücke anhörte, vermochte sie ihre Emotionen anzuregen beziehungsweise zu hemmen. Sie konnte ihren inneren Zustand so anpassen, daß sich Herzfrequenz, Leitfähigkeit der Haut und Gesichtsbewegungen meßbar veränderten.[9]

Der Blickwinkel der Positiven Psychologie ermöglicht es uns also zusammen mit den Fortschritten in den Neurowissenschaften, die meisterhafte Stimmungsmodulation zu verstehen, die die Leistungen großer Künstler ausmacht – der Musiker, Schauspieler und Tänzer, für die Stimmungsmodulation zum Rüstzeug gehört. Neurowissenschaftliche Erkenntnisse können außerdem genauer klären, warum es uns spätere Lebenserfahrungen wie eine intensive Psychotherapie erlauben, die Schaltung der Nervenbahnen so zu verändern, daß wir noch als Erwachsene die Chance haben, unsere inneren Zustände effektiver zu modulieren.

Außerdem lehrt uns die psychologische Forschung etwas darüber, wie Emotionen innerhalb von erfolgreichen Beziehungen ausgedrückt und verarbeitet werden. Wie kommt es, daß zwei Menschen sich miteinander wohlfühlen, und was führt dazu, daß die Bindung zwischen ihnen erhalten bleibt? John Gottman, der sowohl erfolgreiche als auch gescheiterte Ehen untersucht hat, konnte zeigen, daß sich am neurophysiologischen Profil von Partnern in einer glücklichen Ehe eine bestimmte Art ablesen läßt, miteinander in Einklang zu kommen. Die Ehepartner begünstigen durch ihre Interaktionen die Effektivität ihrer Regulationsfähigkeit gegenseitig, statt positive Gefühlszustände entgleisen zu lassen, wie es für scheiternde Ehen typisch ist.[10]

Wenn ich darüber nachdenke, wie meine eigene langjährige Psycholoanalyse-Erfahrung mich befähigte, mir meine illusionäre Insel zu bewahren, wird mir bewußt, daß ich das Gefühl, meine inneren Zustände autonom regulieren zu können, mit der Zeit immer stärker ausgeprägt habe. Wahrscheinlich ist dies ganz allmählich passiert, jedoch indem ich mir angewöhnt habe, meine Gefühle und Phantasien, gute wie schlechte, im Kontext einer Beziehung zu erkunden und offenzulegen. Auch wurden in dieser Beziehung die realen und imaginären Risse, die durch negative Gefühle zustande kamen, stets besprochen und repariert. Das Verinnerlichen dieser Beziehung – die Bezugsperson, die stets warm und akzeptierend blieb, sich für mich interessierte und selbst angesichts der Enthüllungen meiner negativsten Seiten für mich erreichbar blieb – entsprach der Verinnerlichung des starken, standfesten

Empire State Building, des Lichts, nach dem ich die Uhr stellen konnte.

Mit der Zeit verließ ich mich bei meiner Suche nach dem Licht immer weniger auf die Beziehung zu meinem Analytiker beziehungsweise auf ihn selbst, und meine rettende Halbinsel verwandelte sich in eine Insel. Und weil ich mich nun nicht mehr auf das echte Empire State Building, sondern nur noch auf mein geistiges Bild von ihm stützte, konnte ich es auch in Situationen vor mir sehen, in denen es gar nicht wirklich da war, und in Zeiten, wo es im Nebel verschwand. Ich befand mich an einem Punkt zwischen zwei Lebensphasen; kurz davor, die Kindheit – wenn auch etwas verspätet – und das neue emotionale Zuhause, das sieben Jahre lang so wichtig für mich gewesen war, hinter mir zu lassen. Und zugleich wartete ich auf die Ankunft eines Menschen, auf den ich mich lange gefreut hatte, den ich aber noch nicht kannte, jemand, dessen Geschichte noch nicht geschrieben war und dessen kortiko-limbische Schaltkreise ich selbst gestalten würde.

Während ich eine bessere Modulatorin meiner eigenen Innenwelt geworden war, hatte sich unter meinen Füßen eine sehr reale Form psychischen Bodens verfestigt, von dem aus ich mich hinaus in die Welt wagen konnte. Mit dieser neuerworbenen Fähigkeit konnte ich dem, was da kommen mochte, optimistischer entgegensehen. Ich wußte natürlich, daß ich meine fast täglichen Begegnungen mit dem Empire State Building vermissen würde, doch mein Traum gab mir die Sicherheit, daß dieses Gebäude noch in vielen Jahren in meiner inneren Landschaft stehen und mich sicher durch zukünftige Nebelschwaden des Gefühls leiten würde.

Und sein Erbe würde mich befähigen, die Fackel der Orientierung auch an meine eigenen Patienten weiterzureichen. Und nicht zuletzt an das wunderschöne kleine Mädchen, das jetzt mit seinen unschuldigen, fragenden blauen Augen und dem einnehmenden, zahnlosen Grinsen neben mir liegt und von Schmetterlingen, Inseln und Leuchttürmen träumt, die ihr in der Nacht zublinzeln.

ERSTES KAPITEL:
Die Illusion einer Insel

1 Diese Untersuchung stammt zwar aus einer Studie über das räumliche Gedächtnis bei Ratten – R. G. M. Morris: ›Spatial localization does not require the presence of local cues‹, in *Learning and Motivation* 12 (1981), S. 239–260 –, sagt aber nebenbei auch viel aus über die Zusammenhänge zwischen Vorerfahrungen, den durch sie geweckten Erwartungen (die man Hoffnung oder Verzweiflung nennen könnte) und der Beharrlichkeit, mit der die Tiere nach einer Zuflucht suchen, die sie nicht einmal sehen können. Einen gründlicheren Überblick über ähnliche Untersuchungen im Umfeld dieser Thematik bieten R. Brandeis, Y. Brandys und S. Yehuda: ›The use of the Morris Water Maze in the study of memory and learning‹, in *International Journal of Neuroscience* 48 (1989), S. 29–69.

2 Eine Übersicht über das Phänomen des depressiven Realismus geben L. B. Alloy und L. Y. Abramson, ›Depressive Realism: Four Theoretical Perspectives‹, in *Cognitive Processes in Depression*, Hg. v. L. B. Alloy, New York: Guilford Press 1988.

3 Frankl, V. E.: *... trotzdem ja zum Leben sagen: Ein Psychologe erlebt das Konzentrationslager.* München: dtv 1996. In diesem Buch berichtet der Psychiater Viktor E. Frankl über seine Erfahrungen in Auschwitz, wo er die Anatomie der Hoffnung und der Verzweiflung am eigenen Leib beobachten konnte. Außerdem enthält es eine Einführung in die Logotherapie, eine aus seinen Erfahrungen abgeleitete Psychotherapie, bei der dem Patienten geholfen werden soll, die Bedeutung aller seiner Erlebnisse, auch seiner Leidenserfahrungen, zu verstehen.

4 Siehe Martin Seligman: *Pessimisten küsst man nicht: Optimismus kann man lernen.* München: Droemer Knaur 1991. Der Psychologe studierte die Gedankenmuster von erfolgreichen Menschen mit Durchhaltevermögen, vom Schwimmstar bis

zum Versicherungsvertreter, vom Basketballprofi bis zur Politikerin. Mit seiner Methode »Content analysis of verbatim explanations« (= Inhaltsanalyse von wörtlichen Erklärungen, CAVE) analysiert er, wie solche Menschen sich positive und negative Ereignisse erklären. In seinem Buch beschreibt Seligman auch die gesundheitlichen Auswirkungen von Optimismus und Pessimismus.

5 Siehe J. Vinitainer, J. Volpicelli und M. Seligman, ›Tumor rejection in rats after inescapable or escapable shock‹, in *Science* 216 (1982), S. 437–439.

6 Siehe G. Vaillant: *Adaptation to life* (rev. ed.). Cambridge, MA: Harvard University Press 1995. (Dt.: *Werdegänge: Erkenntnisse der Lebenslauf-Forschung.* Reinbek bei Hamburg: Rowohlt 1980.) George Vaillants Arbeit faßt die Ergebnisse der Grant-Studie zusammen, für die 200 Harvard-Studenten ausgewählt wurden, die sich zwischen 1939 und 1944 im Grundstudium befanden. Ihre Lebensläufe wurden in einer über 50 Jahre dauernden Langzeitstudie unter verschiedenen psychologischen und gesundheitlichen Fragestellungen untersucht.

ZWEITES KAPITEL:
Gorillas in unserer Mitte

1 Siehe G. Bowers: ›Mood and Memory‹, in *American Psychologist* 36 (1981), S. 129–148.

2 Siehe D. L. Schachter (Hg.) u. a. (J. T. Coyle, G. D. Fischbach, M. M. Mesulam und L. E. Sullivan): *Memory distortions: How minds, brains and societies reconstruct the past.* Cambridge, Mass.: Harvard University Press 1995. Dieses Buch gibt einen Überblick über die Literatur zur Stimmungskongruenz und enthält das Kapitel »Mood congruent memory biases in anxiety and depression« von S. Mineka und K. Nugent.

3 Siehe E. Eich, D. Macaulay und R. W. Lam: ›Mania, depression, and mood-dependent memory‹, in *Cognition and Emo-*

tion 11 (1997), S. 607–618. Stimmungskongruenz-Forschung, die häufig an »normalen« Personen vorgenommen wird, bezieht sich in dieser Studie auf Patienten mit kurzzyklischer bipolarer Störung oder manischer Depression.

4 Siehe J. D. Mayer, L. J. McCormick, S. E. Strong: ›Mood-congruent memory and natural mood: New evidence‹, in *Personality and Social Psychology Bulletin* 21 (1995), S. 736–746. Im Gegensatz zu den üblichen Stimmungskongruenz-Studien bezieht sich diese auf natürlich vorkommende, nicht experimentell hervorgerufene Emotionen.

5 Siehe Kay Redfield Jamison: *Meine ruhelose Seele: Die Geschichte einer Depression.* München: Bertelsmann 1997.

6 C. Dewberry und S. Richardson, ›The effect of anxiety on optimism‹, in *Journal of Social Psychology* 130 (1990), S. 731–738.

DRITTES KAPITEL:
An den Schalthebeln der Macht

1 Dieses Phänomen wurde zuerst von Ellen Langer von der Harvard University entdeckt. Sie nannte es »illusion of control« (Kontrollillusion) und untersuchte es in den Annahmen ihrer Versuchspersonen über probabilistische Phänomene wie das Werfen einer Münze. Siehe auch E. J. Langer: ›The Illusion of Control‹ in *Journal of Personality and Social Psychology* 32 (1975), S. 311–328, sowie E. J. Langer und J. Roth: ›Heads I win, tails it's chance: The illusion of control as a function of the sequence of outcomes in a purely chance task‹, ebd., S. 951–955.

2 Siehe J. H. Fleming und J. M. Darley: ›The purposeful action sequence and the 'Illusion of Control'‹, in *Personality and Social Psychology Bulletin* 16 (1990), S. 346–357.

3 P. M. Biner, S. T. Angle, J. H. Park, A. E. Mellinger et al.: ›Need state and the illusion of control‹, in *Personality and Social Psychology Bulletin* 21 (1995), S. 899–907.

4 L. B. Alloy und C. M. Clemens: ›Illusion of control: Invulnerability to negative affect and depressive symptoms after laboratory and natural stressors‹, in *Journal of Social Psychology* 101 (1992), S. 234–245.

5 C. Dewberry, M. Ing, S. James und M. Nixon: ›Anxiety and unrealistic optimism‹, in *Journal of Abnormal Psychology* 101 (1990), S. 234–245.

6 W. C. Sanderson, R. M. Rapee, D. H. Barlow: ›The influence of an illusion of control on panic attacks induced via inhalation of 5.5 % carbon dioxide-enriched air‹, in *Archives of General Psychiatry* 46 (1989), S. 157–162.

7 S. E. Taylor, J. D. Brown: ›Illusion and well-being: A social psychological perspective on mental health‹, in *Psychological Bulletin* 103 (1988), S. 193–210.

8 S. E. Taylor, D. A. Armor: ›Positive illusion and coping with adversity‹, in *Journal of Personality* 64 (1996), S. 873–898. Siehe auch S. E. Taylor: *Positive illusions: Creative self-deception and the healthy mind.* New York: Basic Books 1989. Taylor vertritt außerdem die These, daß Kontrollillusion ein wirksames Mittel der Affektregulation ist.

9 Siehe R. A. Drake: ›Lateral asymmetry of personal optimism‹, in *Journal of Research in Personality* 18 (1984), S. 497–507. Siehe auch E. I. Johnson und A. Tversky: ›Affect, generalization and the perception of risk‹, in *Journal of Personality and Social Psychology* 45 (1983), S. 20–31.

10 R. Larson: ›Is feeling in control related to happiness in daily life?‹, in *Psychological Reports* 64 (1989), S. 775–784.

11 M. E. Seligman: *Learned Optimism.* New York: Pocket Books 1990.

12 G. E. Brown, K. Stroup: ›Learned helplessness in the cockroach (Periplaneta americana)‹, in *Behavioral and Neural Biology* 50 (1988), S. 246–250.

13 A. Breier, M. Albus, D. Pickar und T. P. Zahn: ›Controllable and uncontrollable stress in humans: Alterations in mood and neuroendocrine and psychophysiological function‹, in *American Journal of Psychiatry* 144 (1987), S. 1419–1425.

14 M. Lewis, S. M. Alessandri und M. W. Sullivan: ›Violation of expectancy, loss of control and anger expression in young infants‹, in *Developmental Psychology* 26 (1990), S. 745–751.

VIERTES KAPITEL:
Limbische Lektionen

1 Siehe Hofers Kapitel über Bezugspersonen als Gehirntrainer in S. P. Roose und R. A. Glick: *Anxiety as symptom and signal.* Hillsdale, NJ: Analytic Press 1995.

2 A. R. Damasio: *Descartes' Irrtum: Fühlen, Denken und das menschliche Gehirn.* München: Deutscher Taschenbuch Verlag 1997.

3 Siehe A. Shore: *Affect regulation and the origins of the self: The neurobiology of emotional development.* Hilsdale, NJ: Lawrence Erlbaum 1994. Das »orbifrontale Zweikomponentensystem« der Affektregulation, das in diesem Kapitel beschrieben wird und aus zwei kortiko-limbischen Schleifen besteht, die im ersten bzw. zweiten Lebensjahr ausgebildet werden, ist eine Synthese der Theorie Allan Shores. Seine Studie leistet eine wichtige Integration von neurobiologischen Details und von Erkenntnissen der Entwicklungspsychologie und der Psychoanalyse.

4 Eine knappe Zusammenfassung dieser Arbeit geben A. Beebe, F. Lachmann und J. Jaffee: ›Mother-infant interaction structures and presymbolic self- and object-representations‹, in *Psychoanalytic Dialogues* 7 (1997), S. 133–187.

5 Diese Synthese von Erkenntnissen aus der Neurobiologie und der Entwicklungspsychologie stammt wiederum von Allan Shore (siehe Anm. 3).

6 S. R. Tulkin und J. Kagan: ›Mother-infant interaction in the first year of life‹, in *Child Development* 43 (1972), S. 31–42.

7 Eine Diskussion der Entstehung von Repräsentanzen und den Unterschieden zwischen implizitem und explizitem Gedächtnis findet sich in meinem Buch *The talking cure: The science behind psychotherapy.* New York: Putnam 1997.

8 D. Stern: *Die Lebenserfahrung des Säuglings.* Stuttgart: Klett-Cotta, [4]1994.

9 B. Beebe und F. M. Lachmann: ›Representation and internalization in infancy: Three principles of salience‹, in *Psychoanalytic Psychology* 11 (1994), S. 127–165.

10 M. J. Power und M. L. Chapieski: ›Childrearing and impul-

se control in toddlers: A naturalistic investigation‹, in *Developmental Psychology* 22 (1986), S. 271–275.

11 Die psychologischen und biologischen Folgen der Fehlabstimmung werden von Shore (1994) beschrieben (siehe Anm. 3). Er sieht diese Interaktionen in frühen Beziehungen als entscheidend für die Entwicklung der zweiten kortiko-limbischen Schleife an.

12 J. Dunn, J. Brown und L. Beardsall: ›Family talk about feeling states and children's later understanding of others' emotions‹, in *Developmental Psychology* 27 (1991), S. 448–455.

13 D. Cicchetti, J. Ganiban und D. Barnett: ›Contributions from the study of high-risk populations to understanding the development of emotion regulation‹, in J. Garber und K. A. Dodge (Hg.): *The development of emotion regulation and dysregulation*. New York: Cambridge University Press 1991, S. 15–48.

14 S. J. Bishop und F. Rothbaum: ›Parents' acceptance of control needs and preschoolers' social behaviour: A longitudinal study‹, in *Canadian Journal of Behavioural Science* 24 (1992), S. 171–185.

15 J. Kagan: *Galen's Prophecy: Temperament in human nature*. New York: Basic Book 1994.

16 R. Davidson: ›Asymmetric brain function, affective style and psychopathology: The role of early experience and plasticity‹, in *Development and Psychopathology* 6 (1994), S. 741–758.

FÜNFTES KAPITEL:
Beziehungsbande

1 O. F. Kernberg: ›Self, ego, affects, and drives‹, in *Journal of the American Psychoanalytic Association* 30 (1982), S. 893–917.

2 L. Luborsky und P. Chrits-Christoph: *Understanding transference: The CCRT method*. New York: Basic Books 1990.

3 Mehr über den Prozeß des Aufbaus von Beziehungsmodellen und die Wechselwirkungen von Phantasie und histori-

schen Ereignissen ist nachzulesen in meinem Buch *The talking cure: The science behind psychotherapy*. New York: Putnam 1997.

4 Einen ausgezeichneten Überblick über den Forschungsstand zu allen Aspekten der Emotion geben K. Oatley und J. M. Jenkins in *Understanding emotion*. Cambridge, MA: Blackwell Publishers 1996.

5 G. Spangler und K. E. Grossman, ›Biobehavioral organization in securely and insecurely attached infants‹, in *Child Development* 64 (1993), S. 1439–1450.

6 E. Waters, S. K. Merrick, L. J. Albersheim und D. Tribous: ›Attachment security from infancy to adulthood: A 20-year longitudinal study of attachment security in infancy and early adulthood‹. Vortrag bei der Society for Research on Child Development, Indianapolis, 1995.

7 C. George, N. Kaplan und M. Main: *The Berkeley Adult Attachment Inventory*. Unveröffentlichtes Protokoll. Department of Psychology, University of California, Berkeley 1985.

8 Diese Studie ist enthalten in P. Fonagy, H. Steele und M. Steele: ›Maternal representations of attachment during pregnancy predict the organization of infant-mother attachment at one year of age‹, in *Child Development* 62 (1991), S. 891–905. Siehe auch P. Fonagy, M. Steele, G. S. Moran, H. Steele und A. C. Higgitt: ›Measuring the ghost in the nursery: An empirical study of the relations between parents' mental representations of childhood experiences and their infants' security of attachment‹, in *Journal of the American Psychoanalytic Association* 41 (1993), S. 957–989.

9 B. Vaughn, B. Egeland, L. A. Sroufe und E. Waters: ›Individual differences in infant-mother attachment at twelve and eighteen months: Stability and change in families under stress‹, in *Child Development* 59 (1979), S. 971–975.

10 S. Goldberg, S. MacKay und M. Rochester: ›Affect, attachment and maternal responsiveness‹, in *Infant Behavior and Development* 17 (1994), S. 335–339.

SIEBTES KAPITEL:
Das halbvolle Glas

1 S. C. Vaughan, R. D. Marshall, R. Vaughan u. a.: ›Can we do psychoanalytic outcome research? A feasibility study‹, in *International Journal of Psychoanalysis* 81 (2000), Teil 3.

2 Zu historischen Auffassungen von Emotion siehe K. Oatley und J. M. Jenkins: *Understanding Emotion.* Cambridge, MA: Blackwell Publishers 1996.

3 M. Seligman: *Pessimisten küsst man nicht: Optimismus kann man lernen.* München: Droemer Knaur 1991.

4 L. G. Aspinwall und S. E. Taylor: ›Effects of social comparison direction, threat, and self-esteem on affect, self-evaluation, and expected success‹, in *Journal of Personality and Social Psychology* 64 (1993), S. 708–722.

5 Wie zitiert in His Holiness the Dalai Lama und H. C. Cutler: *The art of happiness: A handbook for living.* New York: Riverhead Books 1999.

6 K. I. VanderZee, B. P. Buunk, J. H. DeRuiter, R. Templelaar u. a.: ›Social comparison and the subjective well-being of cancer patients‹, in *Basic and Applied Social Psychology* 18 (1996), S. 453–468.

7 S. R. Swallow und N. A. Kuiper: ›Social comparison in dysphoria and nondysphoria: Differences in target similarity and specificity‹, in *Cognitive Therapy and Research* (1993), S. 103–122.

8 T. A. Wills: ›Downward comparison principles in social psychology‹, in *Psychological Bulletin* 90 (1981), S. 245–271.

9 His Holiness the Dalai Lama und H. C. Cutler: *The art of happiness: A handbook for living.* New York: Riverhead Books 1999.

10 R. B. Zajonc, S. T. Murphy und M. Inglehart: ›Feeling and facial efference: Implications of the vascular theory of emotion‹, in *Psychological Review* 96 (1989), S. 395–416.

11 F. Strack. L. L. Martin und S. Stepper: ›Inhibiting and facilitating conditions of the human smile: A non-obtrusive test of the facial feedback hypothesis‹, in *Journal of Personality and Social Psychology* 54 (1988), S. 768–777.

12 P. J. Carpenter: ›Perceived control as a predictor of distress in children undergoing invasive medical procedures‹, in *Journal of Pediatric Psychology* 17 (1992), S. 757–773.

13 V. N. Stratton und A. H. Zalanowski: ›The relationship between characteristic moods and most commonly listened to types of music‹, in *Journal of Music Therapy* 34 (1997), S. 129–140.

14 L. Luborsky und P. Crits-Christoph: *Understanding transference: The core conflictual relationship theme method.* Washington, D. C.: American Psychological Associate, ²1990.

15 S. C. Vaughan: *The talking cure: The science behind psychotherapy.* New York: Putnam 1997.

16 D. E. Orlinsky und J. D. Geller: ›Patients' representation of their therapists and therapy: New measures‹, in N. E. Miller, L. Luborsky u. a. (Hg.): *Psychodynamic treatment research: A handbook for clinical practice.* New York: Basic Books 1993, S. 423–466.

ACHTES KAPITEL:

Ein Meister der Illusion tritt auf

1 J. D. Bauby: *Schmetterling und Taucherglocke.* München: Deutscher Taschenbuch Verlag 1998.
Die Seitenangaben beziehen sich auf diese Ausgabe.

2 Der Neurologe Antonio Damasio ist der Ansicht, daß die fehlenden körperlichen Rückmeldungen des gelähmten Bauby die Intensität der emotionalen Reaktionen, die Bauby erfährt, einschränken könnten. Vgl. A. R. Damasio: *Ich fühle, also bin ich. Die Entschlüsselung des Bewußtseins.* München: List 2000.
Meine Erfahrungen in der Beratung zweier selbstmordgefährdeter Patienten mit Locked-In-Syndrom weisen jedoch darauf hin, daß es trotz des gestörten Rückmeldungssystems durchaus möglich ist, starke Gefühle zu empfinden.

NEUNTES KAPITEL
Der Leuchtturm am Horizont –
das Licht im Inneren

1 D. Goleman: *Emotionale Intelligenz*. München: Deutscher Taschenbuch Verlag 1997.

2 D. G. Myers und E. Diener: ›Who is happy?‹, in *Psychological Science* 6 (1995), S. 10–19.

3 M. Csikszentmihalyi: *Flow: das Geheimnis des Glücks*. Stuttgart: Klett-Cotta 1992.

4 M. Katz: *On playing a poor hand well: Insights from the lives of those who have overcome childhood risks and adversities*. New York: W. W. Norton 1997.

5 H. Brody: ›The doctor as therapeutic agent: A placebo effect research agenda‹, in A. Harrington u. a. (Hg.): *The placebo effect: An interdisciplinary exploration*, Cambridge, MA: Harvard University Press 1997, S. 77–92.

6 J. LeDoux: *Das Netz der Gefühle: Wie Emotionen entstehen*. München: Deutscher Taschenbuch Verlag 2001.

7 M. Seligman: *Kinder brauchen Optimismus*. Reinbek: Rowohlt 1999.

8 R. D. Lane, E. M. Reiman, G. L. Ahem, G. E. Schwartz und R. J. Davidson: ›Neuroanatomical correlates of happiness, sadness and disgust‹, in *American Journal of Psychiatry* 54 (1997), S. 926–933.

9 A. R. Damasio: *Ich fühle, also bin ich. Die Entschlüsselung des Bewußtseins*. München: List 2000.

10 J. Gottman: *What predicts divorce: The relationship between marital processes and marital outcomes*. Hillsdale, NJ: Lawrence Erlbaum 1993.

Danksagungen

Ich danke meinen Patientinnen und Patienten, den derzeitigen und den ehemaligen. Zwar wird sich niemand von ihnen auf diesen Seiten wiedererkennen, doch sind die in diesem Buch beschriebenen fiktionalen ›Patienten‹ aus ihren Erfahrungen hervorgegangen. Indem sie mir einen Einblick in die Funktionsweise ihrer Psyche erlaubten, gaben sie mir das Privileg und die Gelegenheit, jene Erkenntnisse über Stimmungsmodulation zu gewinnen, die zu diesem Buch führten. Ich hoffe, daß ich ihnen im Gegenzug zu einem glücklicheren, erfüllteren Leben verhelfen konnte, und daß einige unserer gemeinsamen Erkenntnisse nun den Lesern dieses Buches helfen werden.

Die Abteilung für Psychiatrie am *Columbia University College of Physicians and Surgeons* und vor allem das *Columbia Center for Psychoanalytic Training and Research* waren in den letzten fünfzehn Jahren meine geistige Heimat, und ich weiß zu schätzen, was mich meine Freunde und Kollegen über die Jahre gelehrt haben, aber auch die kollegiale Atmosphäre, die es mir erlaubte, die Themen dieses Buches zu erforschen und zu durchdenken. Mein besonderer Dank gilt Steven Roose, Stanley Bone, Elizabeth Auchicloss, Roger MacKinnon und Myron Hofer.

Meine wunderbare Lektorin Jane Isay machte mir durch die Höhen und Tiefen dieses Buches hindurch Mut, gab mir den Raum, die Zeit, aber auch die Unterstützung, die ich brauchte, um endlich zu sagen, was ich über den Optimismus sagen wollte. Ich danke Leigh Weiner dafür, das Buch durch den Produktionsprozeß gesteuert zu haben. Danke auch an das Team des Harcourt-Verlags für seinen Glauben an dieses Buch und – allgemeiner gesprochen – an die Intelligenz und Kultiviertheit seiner Leser.

Meine Agentin, Joy Harris, ermutigte mich nicht nur in meiner Entwicklung als Autorin, sondern auch darin, meine zuweilen verstreuten Interessen produktiv zu bündeln. Mein Dank geht auch an ihre Assistentinnen Kassandra Duane und Leslie Daniels für ihre Unterstützung und dafür, daß sie die damit verbundenen logistischen Herausforderungen annahmen.

Meinen ehemaligen Redakteurinnen bei der Zeitschrift *Harper's Bazaar,* vor allem Susan Kittenplan und Annemarie Iverson, danke ich herzlich für ihr dauerhaftes Interesse an diesem Projekt und auch dafür, daß sie mir mit gelegentlichen Aufträgen die dringend benötigten Pausen verschafften. Gedankt sei außerdem meinem elektronischen Freund Bob Duffy für seine nachdenklichen Kommentare zum Prozeß des Schreibens und für seine Überzeugung, daß ich etwas Interessantes zum Thema zu sagen hatte.

Deb Wassers Liebe und Unterstützung gaben mir den Rückhalt, in dem dieses Buch und alle anderen wichtigen Projekte meines Lebens verwurzelt sind; unsere Beziehung gab mir den Raum für persönliches wie berufliches Wachstum. Überdies verhalfen mir ihre Klugheit und ihre Bereitschaft zu Kommunikation, Diskussion und Kritik dazu, meine Gedanken klar und besser zu fassen.

Und zuletzt danke ich aus tiefstem Herzen meinem Analytiker, Dr. Robert Alan Glick, und meiner Tochter Savanna Wynn. Die Beziehung zu diesen beiden Menschen ermöglichte es mir, das Thema dieses Buches auf sehr persönliche Weise zu begreifen.

Alles über die Gesundheit

Dr. med. Marianne Koch

Mein Gesundheitsbuch

<u>dtv</u> premium 24151

In diesem grundlegenden Nachschlagewerk erklärt die prominente Internistin Marianne Koch Aufbau und Funktion des menschlichen Körpers, beschreibt die häufigsten Erkrankungen und ihre Behandlung und gibt Hinweise zur gezielten Vorbeugung. Weil zum gesunden Körper auch eine gesunde Seele gehört, widmet die Autorin diesem Thema ein eigenes Kapitel. Neben den schulmedizinischen Vorgehensweisen werden auch erprobte alternative Heilmethoden vorgestellt. Tipps für eine ausgewogene, bewusste Ernährung, Strategien für ein gesundes Alter und Ratschläge zur Aktivierung der Selbstheilungskräfte runden das informative und umfassende Gesundheitsbuch ab.

»Koch gelingt es, selbst komplizierte Zusammenhänge anschaulich und verständlich darzustellen und hilft mit, dass der Leser zu einem mündigen Partner des Arztes wird.«
Kurier

»Ein Nachschlagewerk, das in keinem Haushalt fehlen sollte.«
frau aktuell

John O'Donohue im <u>dtv</u>

John O'Donohue nimmt uns mit in die spirituelle Welt der Kelten auf eine intime Reise zu uns selbst.

Anam Ċara
Das Buch der keltischen Weisheit
<u>dtv</u> premium 24119

Anam ist das gälische Wort für Seele, Ċara heißt Freund. Anam Ċara bedeutet also »Seelenfreund«. Die Kelten besaßen eine tiefe Einsicht in das Wesen der Liebe und der Freundschaft. John O'Donohue enthüllt in diesem Buch keltische Geheimnisse, die die Leser in unserer hektischen Zeit in harmonischen Einklang mit der Welt bringen und das Leben reicher machen.

Echo der Seele
Von der Sehnsucht nach Geborgenheit
<u>dtv</u> premium 24180

Noch nie war der Hunger nach Zugehörigkeit so quälend wie heute. Die Geborgenheit, die wir in der Zugehörigkeit erfahren, schenkt uns Kraft; sie bestätigt in uns eine Stille und Gewissheit des Herzens. Sie befähigt uns, äußeren Druck und Verwirrung zu ertragen, und sie versichert uns des Bodens, auf dem wir stehen.

Landschaft der Seele
<u>dtv</u> premium 24223

Die meditativen Texte und Gedichte John O'Donohues entfalten zusammen mit den eindrucksvollen Fotos des Iren Fergus Bourke eine wahrhaft magische Wirkung. Dunkle Wolken, einsame Weiten, rauhe Berge, zerklüftete Felsen, bewegtes Wasser, der Wind in den Gräsern – Natur und Landschaft spiegeln das wechselvolle menschliche Leben.

Laura Day

P.I.
Praktische Intuition

Der Sechste Sinn in Liebe, Partnerschaft und Beruf
Mit einer Einleitung von Demi Moore
Aus dem Englischen von Birgit Woldt
dtv 36207

Emotionale Intelligenz durch Praktische Intuition

Intuition, Sechster Sinn, Eingebung – jeder nutzt diese Fähigkeiten, bewußt oder unbewußt, Tag für Tag. Unser ganzes Verhalten – ob im Privat- oder Berufsleben – ist mehr, als wir glauben, von unserer Intuition bestimmt. Sie spielt bei jeder Entscheidung eine große Rolle, etwa wie man sich für ein wichtiges Meeting anzieht oder wie man ein Geschäft abwickelt.

Seit vielen Jahren gibt Laura Day Seminare u. a. für Geschäftsleute, Ärzte und Rechtsanwälte. Sie zeigt, wie man seine intuitiven Fähigkeiten entdeckt und wie man sie bewußt einsetzt. Durch viele praktische, meist verblüffende Übungen lernt man, auf seine Eingebungen zu achten.

»Laura Days Erkenntnisse sind so brillant
wie praktisch.«
Deepak Chopra

»Die Intuition ist nichts Mystisches …
Intuition ist Logik.«
James D. Watson,
Nobelpreisträger und Mitentdecker der DNS

Germaine Greer

Die ganze Frau
Körper Geist Liebe Macht

Aus dem Englischen von
Susanne Althoetmar-Smarczyk
d̲t̲v̲ premium 24204

Bestsellerautorin Germaine Greer unternimmt erneut eine große Bestandsaufnahme zur Lage der Frauen. Leidenschaftlich, sachkundig und sarkastisch analysiert sie, was ihrer Ansicht nach Sache ist, und stellt die Tagesordnung für einen neuen Feminismus auf.

Auf der Suche nach Befreiung, so argumentiert Greer, hat sich die Frauenbewegung auf Seitenwege abdrängen lassen, ist auf eine Ersatzbefriedigung hereingefallen. Die gerne wiederholte These »Frauen können alles haben« ist, wie sie meint, eine Illusion, da es nach wie vor unzählige Formen offener und verdeckter Diskriminierung gibt. Dieses Buch ist eine aufrüttelnde Kritik an der vorhandenen Selbstzufriedenheit, insbesondere der Frauen. Wie schon mit dem ›Weiblichen Eunuchen‹ gelingt es Germaine Greer erneut, mit größter Schärfe zentrale Fragen anzusprechen.

»Sie ist wieder da, und sie ist zornig.«
The Daily Telegraph

Hildegard Hamm-Brücher
Freiheit ist mehr als ein Wort
Eine Lebensbilanz
<u>dtv</u> 30644

Ihren ersten Sprung ins Ungewisse wagte sie als Kind vom Zehnmeterbrett. 1948 war sie das jüngste Mitglied des Münchner Stadtrates, 1950 mit 29 Jahren Abgeordnete für die FDP im Bayerischen Landtag. So begann für Hildegard Hamm-Brücher eine lange und wechselvolle Karriere in der Politik, ihrem »Lebensberuf«. In ihren Erinnerungen erzählt sie ganz ohne Nostalgie und mit kritischem Blick von ihrem bewegten und bewegenden Leben. Das Buch ist nicht nur lebendige Zeitgeschichte und ein Blick hinter die Kulissen der großen Politik, sondern auch engagierte Demokratielehre und beherzte Streitschrift für ein kritisch-aktives Politikverständnis.

»Zivilcourage – woher sie kommt, wie sehr sie gebraucht wird, wieviel sie kostet und wie kostbar sie ist: Darüber gibt dieses Buch Auskunft.«
Die Zeit